慶應大→医大→東京大に

合格できた勉強の仕組みがわかる

成果の方程式

THE EQUATION OF RESULTS

現役東大生
萩原湧人
Yuto Hagiwara

本書の内容が音声（mp3形式）で聞くことができます。

https://webgk.gakken.jp/eor/

Gakken

はじめに

INTRODUCTION

勉強の成果を出せずに悩んでいる、すべての人へ

「今日も15時間勉強した。でも、全然成績が上がらない」

「数学の問題集を3周やった。でも、応用問題がまるで解けない」

「英単語を１００回ずつ書き出した。でも、長文問題の点数が伸びない」


皆さんの中にそういう人はいませんか？　努力しているはずなのに、成果が出ないのは歯がゆいですよね。そんな悩みを持つ人に質問です。日々の勉強が、勉強時間やページ数などこなすだけになっていませんか？　勉強は時間が長ければいいわけではないし、問題集をただ何回もなぞればいいわけでもありません。達成感ベースで、何となく勉強した気になっているだけでは、いつまでも成果は出ないのです。合格に向けて、日々の勉強を実りあるものにしたい人は、ぜひ本書で成果を上げる勉強について考えてほしいと思います。

自分に合った勉強法は、自分で考えていくしかない

初めまして。萩原湧人《はぎわらゆうと》と申します。僕は現在、東京大学工学部電気電子工学科に在籍しています。実は、僕にとって東京大学は三つ目の大学です。


2013年に慶應義塾大学経済学部に入学。

2014年に大阪医科大学医学部医学科に入学。

2016年に東京大学理科二類に入学。


そして、進学選択で工学部電気電子工学科に進みました。

この経歴からもわかるように、僕はこれまで何度も人生に迷い、家族や周りの方々に多大な迷惑、心配をかけてきました（それでも僕を信じてくれた家族には、今でも感謝してもしきれません）。慶應大生時代、大阪医大生時代はずっと塾講師として働いていました。

東大に入ってからは、塾講師もしつつ塾の立ち上げにも関わりました。

そんな僕が、なぜ、勉強法の本を書こうと思ったのか。

これまで多くの先生方に教わったり、自分自身も塾講師として教えてきたりした中で、気づいたことがあるからです。それは、**自分にとっていちばんよい勉強法は、教えられたものをただ受け取るだけでなく、それを自分なりに考え、変えていかなければいけない**ということです。なぜ、自分なりに考えなければいけないのでしょうか？　それは、勉強法には相性があるからです。

どんなに凄腕の塾講師の勉強法だとしても、天才と言われる東大生の合格の秘訣だとしても、生徒全員にとってそれが最適なものとは限らないのです。

例えば、英語の勉強法。僕が通っていたのは本当に素晴らしい塾でした。そこでは「単語帳を使うな」と教わりました。過去問を見れば、単語の一問一答の問題はほぼ出題されておらず、長文読解問題ばかりが出題されているから、という理由です。確かに、単語の一問一答の問題が1割しか出ず、他の9割が長文読解の問題だとしたら、多くの時間を長文読解の勉強に割くべきです。単語帳での勉強は成果を上げるためには効率が悪い。だから、まず長文読解をひたすらやり、わからない単語が出てきたら、そのときに覚えていきなさい、という指導でした。それは、ほとんどの受験生にとっては正しいでしょう。

しかし、受験勉強を始めたばかりの時期では、単語が全然わからないと読解のしようがないので、最低限のインプットは必要です。この場合は、単語帳で最低限までボキャブラリーを増やしたほうが効率が良いでしょう。

要するに、段階や実力によっても勉強法は異なってきます。だからこそ、自分で勉強のやり方から考える習慣をつけてほしいのです。

では、どういうふうに考えていけばいいのか？

それは、本書で紹介する「成果の方程式」を意識することで考えられるようになります。それは、いわば勉強の本質であり、一生使える考え方ともいえます。

僕は塾講師として働いてきた中で、生徒が「形だけで勉強をした気になっている」場面をよく見かけました。

そういった型にハマることで達成感を得たり、作業をこなすだけになったりすることで安心感を得るのは簡単です。でも、そういった姿勢では、実際には成果があまり上がっていないことに自分では気づけないのです。

こういった「型にハマってるだけ」「自分で考えない」という状態では、圧倒的に成長が遅いのです。時間が有限である受験では、不利になってしまいます。

そこで僕はまず、全国の受験生に「勉強で成果を出すための考え方」を伝えたいと強く思い、筆をとりました。

なぜ、同じ勉強法でも差がつくのか？　達成感主義に陥る理由

ところで、皆さんは、どんな勉強をしていますか？　次のチェックリストに当てはまるものが何個あるでしょうか。

あてはまる勉強をしていたらチェック

- □英語は単語帳から勉強している
- □問題を解くときは、答えに○や×をつけて終わりにしている
- □模試は、いい点が返ってきたら満足だ
- □参考書にマーカーを引きまくったら力尽きる
- □問題集は、2～3周やると決めている
- □1日○時間以上、勉強をすると決めている
- □毎日、できるだけ長い時間、勉強をしたほうがいいと思っている

さて、3個以上当てはまるものがあった人に質問です。

「何のために、その勉強をしているのですか？」

もし、この質問に明確に答えられないようなら、やっていても意味がありません。目的地を決めずに、ただ走り続けているようなものです。このような勉強法を無意識にやっている人は、きっと達成感を第一に考えてしまっていると思います。いわば、達成感主義。

その気持ちはわからないでもありません。なぜなら、「達成する」と気持ちがいいからです。だから、人は達成感がある勉強法に傾きがちです。ところが達成感重視の勉強は、合格するための勉強とはかけ離れています。問題集を2、3周やったからといって、必ず学力が上がるわけではありません。**本当に大事なのは、達成感を味わうことではなく、成果を上げること**。みなさんには、達成感主義ではなく、成果主義になってほしいのです。

例えば、きれいな字を書けるようになるために、たくさん書くことで満足する人がいます。多くの人は毎日字を書いている。字を多く書くほど上達するのであれば、字が下手な人はいないはずです。でも現実は違いますよね。「上達する練習」をしなければ、字は決してうまくなりません。「字が上達するための練習って、どうやればいいの？」と自分で考えるところから上達は始まります。

勉強も同じです。**自分で「どうやれば成績が上がるか」を考えることが大事で、そこから成果が上がっていきます。**

勉強の成果は、あるとき突然実感できる

達成感主義の場合、「10時間勉強した」「20ページやった」と、結果が数字で見えるから、やり遂げたら「やった気」になります。ところが成果主義の場合、成果が見えにくい。しかし、**常に疑問を持ちながら勉強を続けていくことで、あるとき、ふと「できるようになった！」と実感できるときが訪れるのです。**

また、成果の「成長曲線」は、科目によって違います。

英語はあるレベルまではずっと横ばいですが、ある瞬間、急に上がります。そこからまた横ばいで、またある瞬間に上がる。成長曲線のグラフは階段を上がるような形になっていきます。例えば、サッカーでいうと毎日練習しているうちに、突然、強いシュートを打てるようになる。同様の現象が英語にも現れるのです。

数学や物理の成長度合いはなだらかですが、ある時点で急に上がっていきます。理論を理解するまでに時間がかかるからです。現代文も数学と同じで、急にできるようになります。現代文は論理を見抜く力が求められるからです。数学を解く力がついていくと、現代文の成績も上がると思います。

古文、漢文、地歴、地学や生物は、暗記すべきことが多いので、やればやるだけ直線的

に上がっていきます。

成果の方程式に従って日々勉強するなかで、すぐに成長を実感できなくても不安にならないでください。勉強はそうやって成長していくもの。**今は伸びてないと思っても、壁を乗り越えられる瞬間が来ます。**

ちなみに、成果を出す人の勉強サイクルは、次のようになります。

成果を出す人の勉強サイクル

何事にも疑問を持つ回数が多い
↓疑問を解決するために思考したり、判断材料として新たにインプットを行っている
↓その思考過程で、また新たな疑問が生まれる
↓この繰り返して、深く物事を考えられる思考力と知識量が向上する
↓思考力と知識量がつくと、解ける問題が増えていく
↓難題に直面しても同様の過程を行い、自力で乗り越えていく経験を積む
↓成功体験が増えて、学ぶことがどんどん好きになる

自分で問いを立て続けられる人になろう

自分で考えるときには、常に「なぜ」「何？」と問いかけることが重要です。

「これって、つまりどういうこと？」

「これって、どういう意味だっけ？」

「これって、何がしたいんだっけ？」

このように、自分で問いを立て続けると自然に思考がはたらき、足りない知識を探すようになります。**成果を出す人は「自分で問いを立て続けられる人」であり、「その問いへの答えを出す人」です**。言い換えると、「Whyを考える力」「Whatに答える力」がある人です。

その力をつけていくためには、新しい項目やわからないものが出てきたときに、わからないままにしないで、「これは何だ？」と常に疑問を抱き、答えを求めることが必要です。「Whyを考える力」「Whatに答える力」があると、試験でアウトプットするときにとても重要な「論理を見抜く力」が養われます。「論理を見抜く力」については、本文で詳しく説明していきます。

皆さんには、この本を通して「**Whyを考える力**」「**Whatに答える力**」「**論理を見抜く力**」**をつけ、形にこだわらず、自由な「成果を出す人」**になってほしいと思っています。

この本は聞くこともできる

この本の特長は、成果の方程式の他にもう一つあります。

それは音声で聞けることです。

各項目の冒頭に付いているQRコードを読むと、その箇所の内容が要約された音声データを聞くことができます。音声でなら、電車の中で立ったまま聞くこともできますし、何か作業をしながら聞くこともできます。口々の勉強で時間を無駄にできない受験生に最適です。

本を開いて読めないときやスキマ時間を活用したいときなど、使えるシーンは様々です。

ぜひ活用してください。

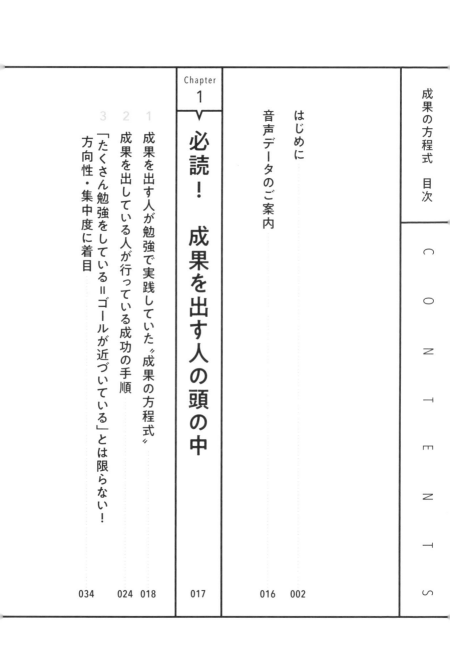

成果の方程式　目次

CONTENTS

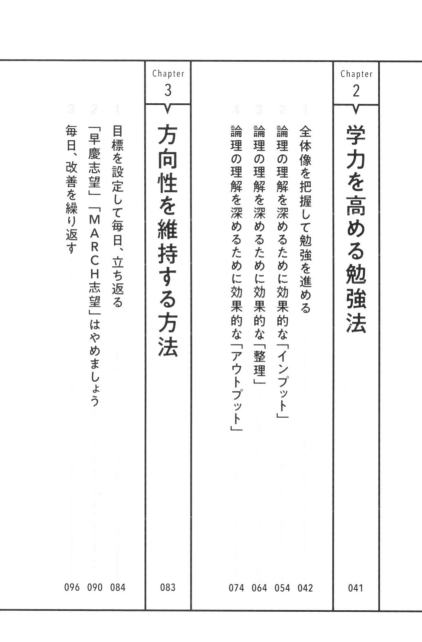

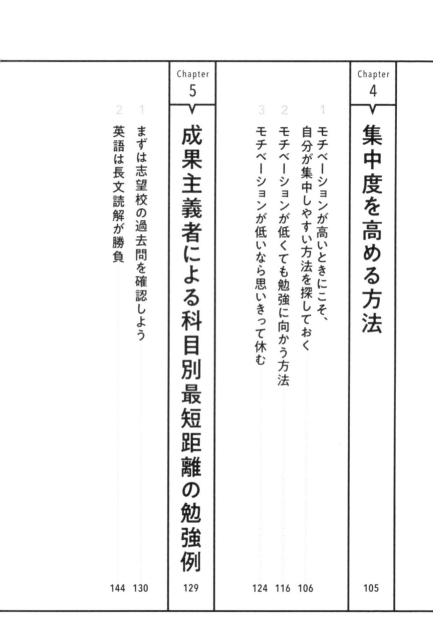

音声データのご案内

本書では、内容を要約した音声を聞くことができます。

パソコンから下記のURL にアクセスすると、
MP3形式の音声ファイルの視聴およびダウンロードをすることができます。

https://webgk.gakken.jp/eor/

ダウンロードできるのは、MP3形式の音声ファイルです。再生するには、ファイルを解凍するソフトと、iTunesやWindows Media Playerなどの再生ソフトが必要です。

お客様のネット環境および携帯端末によりアプリを利用できない場合や、お客様のパソコン環境により音声をダウンロード・再生できない場合、当社は責任を負いかねます。ご理解・ご了承いただきますよう、お願いいたします。

Chapter 1

必読！
成果を出す人の
頭の中

Chapter 1. ▸▸▸ 1

学力×方向性×集中度

成果を出す人が勉強で実践していた〝成果の方程式〟

#初めての大学受験

#成果につながる努力だけをしよう

#合格まで一直線で

音声データ

最短で志望校合格圏内に入るには「成果の方程式」を理解する

「成果の方程式」は、志望校に最短の時間と最小の努力で合格するために必要なことを式で表したものです。「方程式を覚えるなんて、数学だけで充分！」と思っている人もいるかもしれませんね。ただ、今この方程式を身につけておけば、効率的に勉強の成果を上げられるので、他の受験生に差をつけることができます。また、受験はもちろん、将来、仕事に就いたときも成果を出せます。

いわば、「一生モノ」の勉強の方程式です。だとすれば、身につける価値は充分あると思いませんか。

しかも、シンプルです。これがその方程式です。

成果の方程式

成果（合格力）＝学力×方向性×集中度

この式は、何を意味するのでしょうか。**基礎学力が充分にあって、努力の方向性が合っていて、集中度が高いほど、合格する見込みが高くなる**ということです。

では、成果の方程式の要素について、一つずつ説明していきます。

学力について

学力は「理解度」と「記憶量」に分けて考えられます。

理解度とは「学習した内容をどれだけ理解しているか」の深さです。数学の勉強であれば、意味もわからず、ただ公式を覚えるのではなく、適切な使い方を理解できているかどうか。英語であれば、がむしゃらに単語を覚えるのではなくて、その単語の成り立ちや関連語、また、文章中で実際にどう使われるのかまで理解することが大切です。

次に記憶量です。受験では、覚えていなければ絶対に解けない問題や、覚えていたほうが早く解ける問題も出てきます。数学の公式や英文法などの基本事項を暗記せずに受験を突破するのは不可能ですよね。

ただし、記憶量があるだけでも不充分です。たとえ、試験範囲の数学の公式をすべて覚えていたとしても、使いどころを正しく理解していなければ、結局、点数には結びつかないからです。**学習内容の理解度が高く、記憶量も充分にあって、初めて「学力が高い」といえます。**

正直、学力が高ければ、どんな問題を出す大学でも合格することは可能でしょう。事実、東京大学には、特に勉強法を工夫せずとも軽々と合格してしまう天才が多く存在します。しかし、そのような人々は、同世代全体で見渡せば、ごく一握りです。効率よく勉強して合格するためには、基礎学力の他に「努力の方向性」と「集中度」を意識することが重要なのです。

方向性について

努力の方向性とは、要するに正しくゴールを設定し、そこから逆算して合格への道筋を見失わないようにする、ということです。志望校を決めずに勉強するのは、目的地を定めずに旅をするようなもの。がむしゃらに暗闇の中を進んでも、きっと目的地にはたどり着けないでしょう。目的地を決めるからこそ自分で道筋を調べて考え、そこにたどり着くための正しい努力ができるのです。

例えば、英単語だけを暗記している人がいるとします。志望校が、もし一問一答の英単語だけの試験を毎年行っているなら、努力の方向性は合っています。でも、志望校が実際

目的がはっきりしていれば、最短でゴールに向かえる

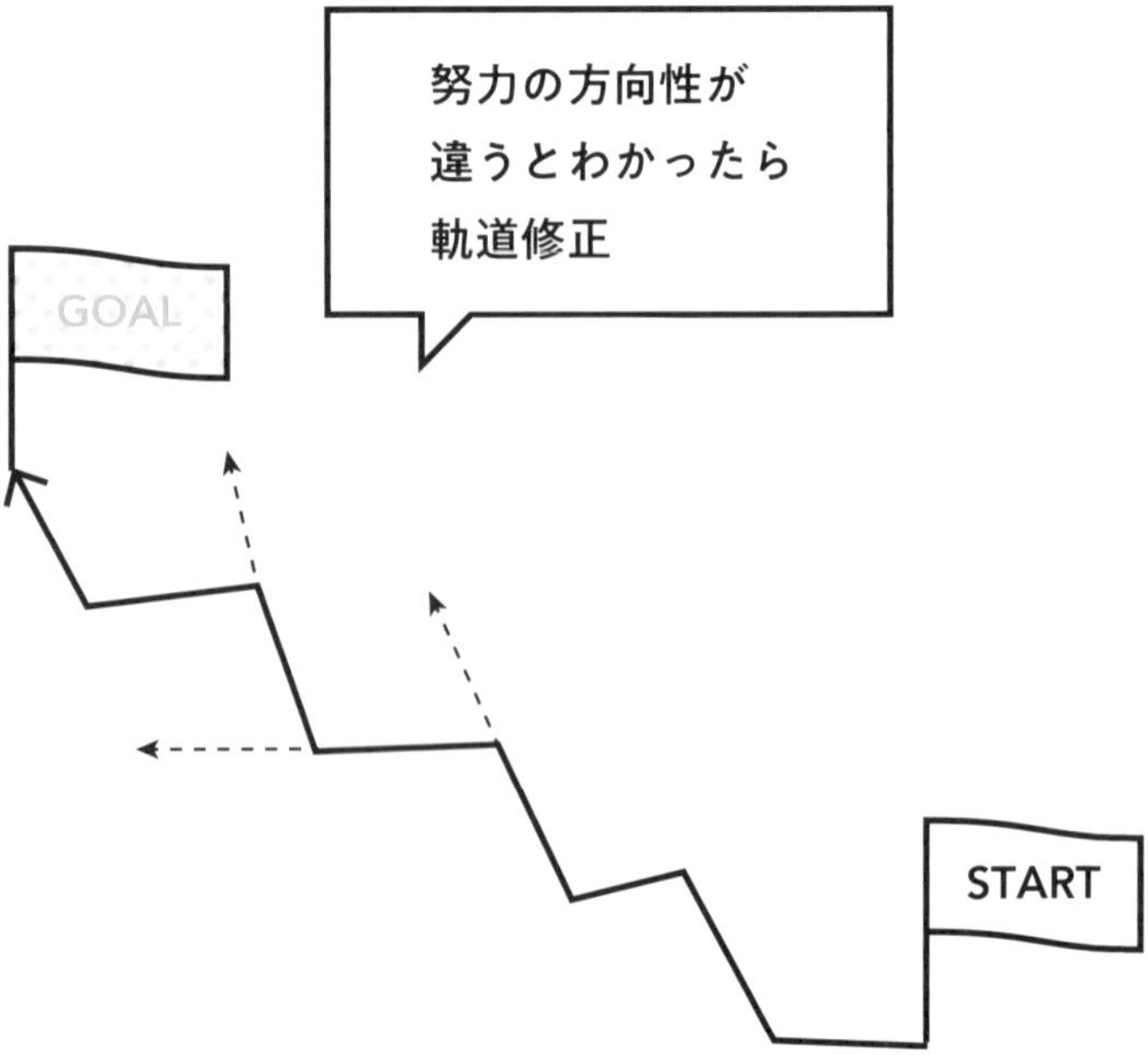

には長文読解を中心に出題しているとしたら、どうでしょうか。努力の方向性は間違っていて、ゴールに到達するまでに多大な時間を要します。その間に、正しい方向性の努力をしている人たちに追い抜かれてしまいます。

集中度について

受験勉強で、もっともやってはいけないのは、本質的でないことに貴重な時間を割き、目先の「やってる感」で満足してしまうこと。例えば、ただ形式的に「○時間勉強しよう」と時間だけを決めて机に向かってはいませんか。「今日は3時間、英語の長文読解を勉強する」ではなく、「今日は長文読解を3問解いて、間違えた部分はその原因を特定し、まとめておく。目安として3時間くらいかかるかな」と決めることが重要なのです。○時間勉強したかではなくて、「**しっかり集中して時間を使い、ゴールに近づけたかどうか**」**が合否を分ける**からです。

この努力の方向性と集中度が、努力を成果へと変えるために不可欠な要素です。

次ページから「学力」「方向性」「集中度」についてさらに詳しく見ていきます。

Chapter 1. ▸▸▸ 2

学力×方向性×集中度

成果を出している人が行っている成功の手順

#まずは大まかでＯＫ　#細かいことは後でやる

#なるべくラクして成果を出そう

音声データ

暗記はいったん後回し！「論理」を見抜く勉強をしよう

勉強をするうえで大事なのは「ラクをしよう」と意識することです。

「えっ、ラクしていいの？　じゃあ、勉強しなくていいのかな」と勘違いする人がいるかもしれませんが、そういう意味ではありません。いかにラクをするかを考えるということは、いかに効率的に勉強するかを考えることです。

では、どうすれば、効率的に勉強ができるのでしょうか。それは「**ものごとの論理を見抜くこと**」**を意識して勉強していく**ことです。

とはいえ、急に「論理を見抜くことを意識する」と言われてもピンとこないかもしれません。簡単に言えば「まずは大まかな流れを理解してから、細かい要素を見ていく」ということです。

具体的には次の順番で勉強をしていくと効率的です。

効率的な勉強の順番

①全体像を把握する
②論理を理解する
③要素を記憶する

学ぶときは、まず全体像を見渡してから、個々の要素を考えていきましょう。

先に、具体的な要素（例えば、公式や定義、単語など）から覚えようとすると、短期的には記憶できても、結局は理解が浅いので定着せずに忘れてしまいます。また、たとえ要素を覚えていたとしても、「導関数の定義に従って求めよ」などの理解度をはかるような問題に、戸惑ったことのある受験生もいるのではないでしょうか。

受験生を見ていると、①②をせずに、目先のことだけにとらわれて③だけをやっている人が多くいます。受験勉強ができる時間は限られています。効率的に勉強をしなければ、時間はどんどん足りなくなっていきます。

では、効率的に勉強するための考え方について、一つひとつ見ていきます。

① 全体像を把握する

最初は、全体像を把握することです。これは、試験問題を解くときにも、各科目の勉強をするときでも同じです。

まずは、試験問題を解くとき。解く時間は限られているので、問題用紙が配られたら、全体をぱっと一通り見て、解けそうな問題から手をつけましょう。全体を見ないで、はじめから順番に解いていくと、どうなるでしょう。例えば、最初に苦手な難しい問題があると、必要以上に時間を使ってしまい、最後まで問題を見ることさえできないかもしれません。最後の問題に自分の得意分野がある可能性もあります。まずは、**全体を把握して、解けそうな問題から解くような、戦略を立てることが大事**になってきます。

各科目の勉強をするときも、全体像の把握が大切です。**全体像を把握すると、単元ごとの論理のつながりがわかってきます**。単元と単元のつながりがわかってくると、今度はそれぞれの単元の目的がわかります。**目的がわかることで理解が深まる**のです。

例えば、化学は大きく三つの分野に分かれていますね。理論分野・無機分野・有機分野です。では、理論分野って化学という科目全体の中でどんな意味を持っているんだろう、有機分野は他の無機や理論分野とどんなつながりがあるんだろう、と全体像を見ていきます。

さらに具体的に言うと、有機分野の中では、アルコールやケトンの話が出てきますが、では、ケトン体は他のアルコールやベンゼンの話とどんなつながりがあるんだろう、と考えていくわけです。つながりを意識しながら、まずは何事も全体を俯瞰《ふかん》してから、小さな要素に目を向けていくのです。

Chapter 3. で詳しく説明しますが、**全体を把握する簡単な方法の一つは教科書や参考書の目次を見ること**です。最初に目次を読んで「こんなことを勉強するんだ」と全体を把握しておきます。すると、いま目の前でやっている勉強の目的がわかります。

「何のためにこの科目をやっているんだろう?」

「何のためにこの単元をやっているんだろう?」

「何のためにこの公式があるんだろう?」

目的がわからないまま勉強してもなかなか理解できないし、結局身につかない。いったん身についたとしても、すぐに忘れてしまいます。

「もし、億劫《おっくう》じゃないのなら」という条件つきですが、大学受験の勉強の全体像を把握したい場合は、文部科学省が発表している高校の指導要領を見ることもおすすめです。インターネットでも公開されています。「この科目では、Aを学ぶことがゴール。そのためにB

とCとDを学びます」ということが書いてあります。高校生が読むとなると、やや難しいかもしれませんが、いちばん速く全体像を把握することができる資料でしょう。

② 論理を理解する

効率的に勉強する順番の二つ目は、「論理を理解する」です。これには3段階あります。

論理を理解する3段階

(a) インプット
(b) 整理
(c) アウトプット

この3段階をくり返していくことが必要です。

「インプット」は、参考書や教科書を読んだり、授業を聞いたりしている状態。

「整理」は、インプットしたことを自分なりに考えたりまとめたりして噛みくだくこと。

「アウトプット」は、人に説明したり、問題を解いたりすることです。

多くの人はインプットしただけで理解したと思いがちです。でも、それではまだ足りません。**ちゃんと人に話せたり、自力で問題が解けたりして、初めて理解できたといえます。「インプット」したものを「整理」し、「アウトプット」するという一連の流れを何度もやる**ことが重要です。

アウトプットをすると新しい気づきがあります。

例えば、友達に昨日覚えたばかりの日本史の明治時代での重要な出来事について話してみる。そこで西南戦争について語ろうと思うけれど、内容が出てこない。「西南戦争について、なぜこの戦争が起きたのか、その結果どうなったのか、説明できるほど理解できていなかった！」と気づく。それは、悪いことではなく、「明治時代の出来事の中で、西南戦争という要素の前後関係（＝論理）の理解が甘かった」というインプットになります。であれば、西南戦争に関わる出来事について整理し直して、正しくアウトプットできるようにすればいい。この**循環が重要**です。

インプット→整理→アウトプットの循環は、単元ごとでもいいですし、自分なりに一区

切りついたところでやるのもいいと思います。時間的には、「今週はインプット週間」のようにはせず、3ステップをコンスタントにやるのがおすすめです。「今日はインプットをしたから、明日起きたら整理して、問題を解いてみよう」くらいがいいでしょう。

③ 要素を記憶する

科目全体を把握し、要素ごとの関係、つまり論理の理解をしたら、初めて「要素の記憶」に進みます。言い換えると、先に要素の暗記だけしても意味がない、ということです。

世界史であれば、全体像をつかみ、次に各時代を勉強します。背景はこうで、こういう時系列順で事件がありました。そのうえで、この事件が起きたのは西暦○年です、という順番で学んでいきます。

学習は、抽象度の高いところからだんだん降りてきて具体的に移っていくのがいいですね。この流れでいくと、西暦を覚えるのは最後なのです。

英単語を覚えるときも、まずは、「理解する」と覚えやすくなります。

例えば、英単語には接頭辞（単語の頭につくもの）と接尾辞（単語の後ろにつくもの）があります。接頭辞だったら、次のように意味がリストアップされています。

※接頭辞の例
ex：→「外側」を表す
in：→「内側」を表す
re：→「反復」「後ろへ」を表す

その意味を理解したうえで、extendだったら「外に広げる」だから「延長する」。inspectだったら、「in（内側）＋spec（見る）」で、中を見るから「検査する」。respectだったら、「re（反復）＋spec（見る）」で、何度も見るから「尊敬する」という意味だな、とわかりますね。

普通に、respect＝「尊敬する」と覚えてもいいのですが、**respectは「re＋spect」だから「尊敬する」と論理的に学ぶほうが、結果的によく覚えられます。**

なぜ、全体やつながりを理解してから、記憶するのがいいのでしょうか？ それは、人はストーリー性のある記憶のほうが覚えやすいといわれるからです。**意味と一緒に覚えたり、前後のつながりをセットで覚えたりしたほうが記憶に残りやすい**のです。

言い方を変えると、「点だけで覚えない。点と点を結ぶ線（＝論理）のネットワークを先に脳内に構築せよ」ということです。

単語帳ばかり覚える。一問一答の問題集ばかりをやる。脈絡なくそこだけを覚えようとしてしまうのはやめましょう。「木を見て森を見ず」ということわざがありますが、勉強をするときは「森を見てから木を見る」という姿勢のほうが効率的なケースが多いようです。まず、森の全体像を把握する。その後で、1本1本の木を見てどんな木があるのかを知る。そして、その木にどのように葉っぱがついているのかを学んでいく。

ただ、必ずしも「具体から抽象に行くな」ということではありません。「具体的なケーススタディから法則を見出していく」という学習スタイルもあります。気をつけてほしいのは、「単語だけ覚える」「一問一答だけやる」ということで終わってしまうと応用ができず、抽象化もできないから、非効率ということです。

もし、「具体的なものを覚えて、後で抽象化していく」という勉強法が自分に合っているのであれば、それも決して間違いではありません。

例えば、**現代文や英語に関しては、ケーススタディとして演習量を多く積まないと解き方が身につかない**ところもあります。具体的な解き方や要素を記憶していくなかで、「あ、これってこういう意味があったんだ」と後でわかったりします。その気づきが、再現性につながるのです。

明確な意図を持たずに、ただひたすら暗記するのは避けましょう。

Chapter 1. ▸▸▸ 3

学力 × 方向性 × 集中度

「たくさん勉強している＝ゴールが近づいている」とは限らない！方向性・集中度に着目

Why を繰り返す　# 本当の原因を見つけよう

集中度の差は成果の差

音声データ

「本当の原因」を見つけるために

目の前の勉強だけに意識を向けていると、気づかないうちにゴールから遠ざかってしまうことがあります。

では、どうすれば、ゴールから遠ざかることなく、方向性をきちんと定めることができるのか。そのために必要なのは「**常に why（＝なぜ）を考える**」ことです。

ビジネスパーソンは、よく「why を何度も考える」ことを推奨されます。表面的な結果から、それがなぜそうなったのかを深掘りすることで、本当の原因を追究するためです。

例えば、ある問題集がヒットした理由を考えるときは次のように考えます。

Why を繰り返す

なぜ、この問題集が売れたのか？　それは新宿と梅田でよく売れたから
なぜ、新宿と梅田で売れたのか？　それは新宿と梅田に塾や予備校が多いから
なぜ、塾や予備校が多いエリアで売れたのか？　それは勉強熱心な受験生が多いから

このように、次々と「なぜ？」を繰り返して、本当の原因を探していくのです。原因が

見つかったら、それを元に策を考えることができます。

　これは受験でも同じです。常にwhyを問いかけてください。

　なぜ、自分は英語の長文読解の問題を解いているのか？　それは志望校の△△大学の入試問題に長文問題が多く出るから。

　なぜ、自分は△△大学に行きたいのか？　それは△△大学に、学びたい先生がいるから。

　このように、**あらゆる場面で「why」と問いかけるようにしましょう。**もし、「why」と問いかけて出てきた答えがずれていたなら、それは方向性が間違っている可能性があります。

「なぜ、今、単語帳を覚えているんだっけ。何となく単語力に不安があったからだ。いや、そもそも単語力ってそんなに必要だっけ。そうだ、今やるべきは、単語帳を覚えることじゃなくて、長文問題を解けるようになることなんだ。なぜなら、自分が受験する△△大学の入試問題に長文問題が多く出るからだ」

　このように努力の方向性の修正が可能になります。

自分に問いかけて、努力の方向性を確認する

なぜ、英語の
長文問題を解くのか？
それは、
志望校で多く出題
されるからだ！
なぜ、英単語の単語帳で
勉強をしているのか？
それは、長文を
読む上で必要な
ボキャブラリーを
身につけるためだ！

集中度がゼロでは、勉強の成果もゼロ

成果の方程式は「合格力＝学力×方向性×集中度」でしたね。

集中度は、二つに分けられます。受験期間という長いスパンの集中度（「モチベーション」ともいえます）と勉強中の短いスパンの集中度です。

いずれにしても集中度を上げる必要があるのはわかりますね。しかし、集中度とは非常に測りにくいものです。だから、「努力した時間」や「終わらせたページ数」で集中して勉強したかのように誤解する人が多いのです。形式的な数字なのに「今日は○時間勉強したぞ！」と胸を張ってしまう。

「やってる感じ」で満足してしまう人は、やる前から「今日は10時間勉強しよう」と考えてしまいます。

成果を出す人は、時間を目標に定めるのではなく、「今日はこの単元と、この単元を理解しよう。もし早く終わったらマンガでも読もう」と考えます。

少し考えてみてください。「とりあえず5時間と決めて机には向かっていました。しかし、机に向かっているだけで満足してしまい、身につけたのは数学の増減表の書き方だけでし

た」という人と、「数学の増減表の書き方を身につけました。時間は特に気にしていなかったけれど、かかった時間は結局1時間でした」という人と成果はどちらが高いでしょうか。一目瞭然で後者ですね。理解できた範囲が同じなら、要した時間が短いほうが集中度は高いのです。

「何時間机に向かったか」ではなく、「どれだけ集中して効率よく勉強できたか」が大切だということです。

100時間勉強したからといって、優秀なわけではありません。このことをしっかり理解してもらえば、「机に向かっているだけの時間を、成果としてカウントする」ことはなくなるはずです。

では実際に集中度を高めるにはどうしたらいいのでしょうか。集中度を上げる方法は人によって千差万別ですから、自分に合うもの、合わないものがあります。自分に合うやり方に出合えれば勉強の質が高まるので、どんどん試しましょう。

僕もいろいろ試して自分に合うものを見つけました。それについてはChapter 4. でまとめてお話しします。

Chapter 1.
まとめ

- ☑ 記憶は後で！
まずは理解度を深めよう。

- ☑ 全体を把握して、
どこから解くか、
戦略を立てることが大事。

- ☑ 「インプット」「整理」「アウトプット」
をぐるぐる回そう。

- ☑ 方向性を常に修正しよう。

- ☑ 全体を見通し、
単元ごとの論理的つながりを
見出そう。

- ☑ 集中度を上げよう。

Chapter 2
学力を高める勉強法

Chapter 2. ▸▸▸ 1

学力 × 方向性 × 集中度

全体像を把握して勉強を進める

#目次を使って、先に全体を見通す

#スキミングでざっくり理解

#多読して出合う回数を増やす

音声データ

目次をチェックリストとして使うと勉強の進み具合が一目瞭然に

これまでに、成果を上げるための考え方についてお話ししてきました。ここからは、学力を高める勉強法について具体的にお伝えしていきます。

まずは、全体像を把握するための勉強法です。

ビジネス書では、「本は目次から読め」とよくいわれます。なぜなら、目次を読めばその本に何が書かれているか、全体像がすぐに見えるからです。

勉強でも同じで、**教科書や参考書、問題集の目次を見ると、これから何を学ぶのか、その全体像がすぐにわかります**。

目次のメリットは、もう一つあります。「**チェックリストとして活用できる**」ということです。教科書や参考書、問題集の目次をチェックリストとして使うと、次のようなメリットがあります。

目次をチェックリスト化するメリット

① 何を学んでいるのか、自分の学んでいる地点が常にわかる
② どこまで理解したかチェックしていくことで、成果が見える

自分が試験範囲全体のどこにいるかわかる

①の「何を学んでいるか、自分の学んでいる地点が常にわかる」ことはとても大切です。
例えば、次のページは数学の問題集の目次です。

今、「二次関数」を学んでいるとします。最初の項目「グラフの描き方」に関しては、昨日やったからもう理解できている。今日は、その次の「二次関数の決定」を学ぶんだな。その次に「二次関数の最大値・最小値」があるから、きっと、二次関数の最大値・最小値をするために必要な知識として、「二次関数の決定」を学ぶんだな、ということが理解できます。

前後関係が見えると、自分が今何をやっているのかを見失うことがありません。そして今、自分がどこにいて、何をやっているかを理解できると安心できます。安心することで集中できるようになります。**目次を確認しながら勉強すると、今何をやっているのかを常**

目次の項目の近くに、理解度を印で記録しておこう

1章　数と式
○ 1　整数の乗法
○ 2　因数分解
○ 3　無理数の計算
○ 4　一次不等式
△ 5　絶対値のついた方程式・不等式

2章　集合と論理
○ 1　集合と要素
○ 2　共通部分と和集合
○ 3　必要条件と十分条件
× 4　命題、逆・裏・対偶
○ 5　対偶

3章　二次関数
○ 1　グラフの描き方
○ 2　二次関数の決定
× 3　二次関数の最大値・最小値
△ 4　二次不等式
○ 5　二次方程式の判別式

に見失わずに済み、集中もできるということです。

②のチェックもやる気をアップさせるために重要です。チェックリストとして使うときは、まず、目次をコピーします。項目名の近くの空いているところに、理解度を表す印をつけていきます。

理解度を表す印の例

○……完全に理解できた
△……不明点が一部あり、まだ自信がない
×……ほとんど解けなかった
?……そもそも何を言っているのかわからない

×や?がついたところは、先生や友人に聞いたり、別の本を調べたりして、理解できるようにしましょう。

また、この勉強法は問題集の目次で行う想定ですが、初めて取り組む参考書でも同様に、目次を活用することができます。

このように目次をチェックリストとして使っていくことで、**自分の理解度が見える上に、全体の中のどこまで進んでいるか、進捗度もわかりやすいです。**

基本的に、問題集などは同じものを何度も繰り返し取り組むことがすすめられています。何度か繰り返してやるときに、この印は役立ちます。

例えば、同じ問題集を一度やりきって、二度目に取り組むときは、〇がついて理解できている問題は飛ばし、△や×や?がついている問題を重点的にやります。

僕の場合は、ある問題集の10ページ分くらいをやったら、その日のうちに復習して、二度目、三度目をやるときは、3日以内にもう一度取り組むようにしていました。人は必ず忘れてしまう動物ですが、24時間以内に復習して、3日以内にもう一度復習すると、記憶が定着しやすいといわれているからです（「エビングハウス忘却曲線」を参照）。

スキミングをする

スキミングとは、「だいたいの内容をつかむために文章などにざっと目を通す」ことをいいます。

スキミングの勉強法は、簡単に言えば、**教科書や参考書を一気に最後まで読み切る**もの

エビングハウス忘却曲線

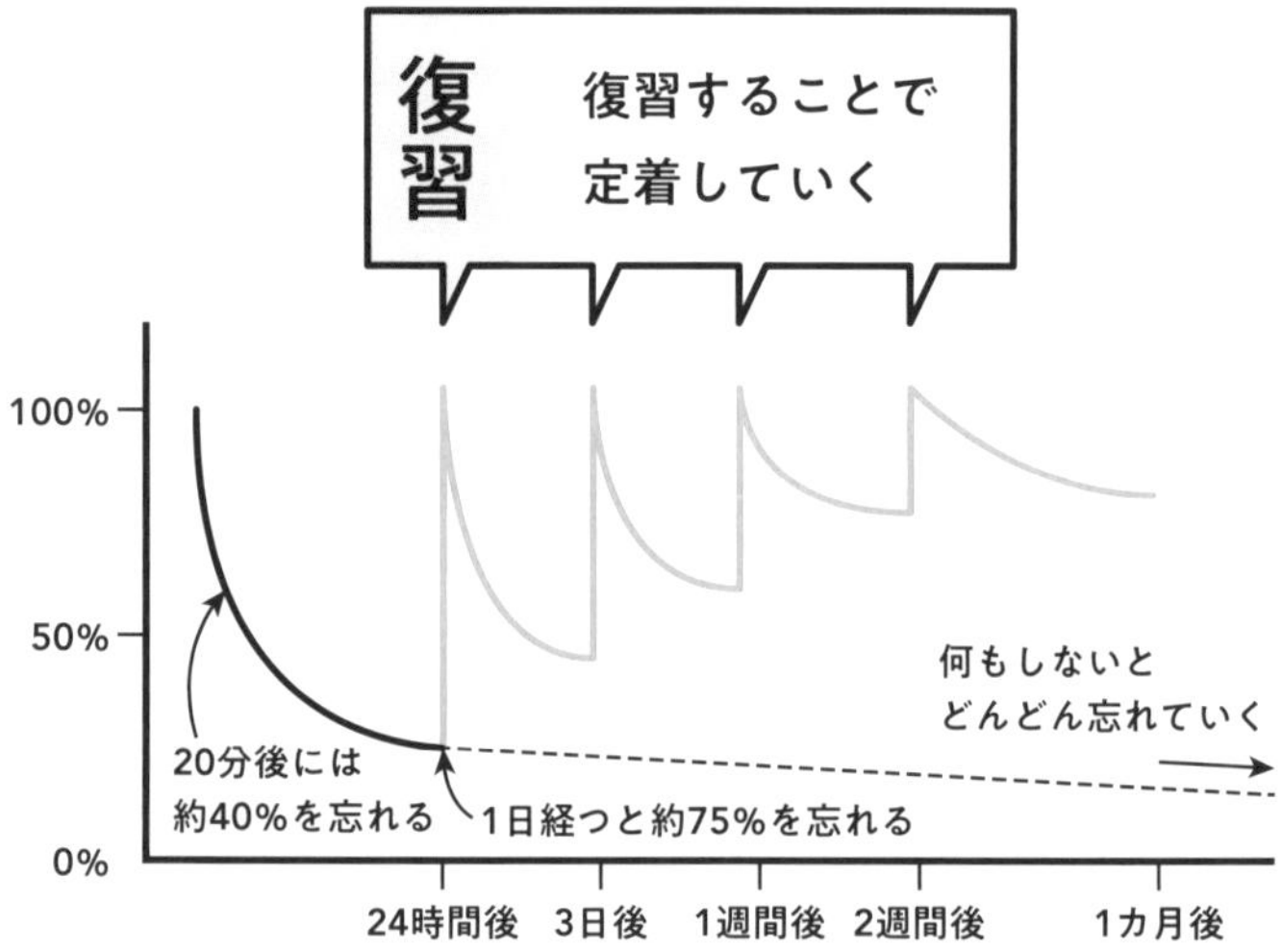

ドイツの心理学者ヘルマン・エビングハウスは、時間経過に伴う記憶の変化を研究しました。

記憶が時間経過とともに忘れられていく過程を計測して見出したものを「エビングハウス忘却曲線」理論といいます。

人の脳は一度勉強したことを１時間後には56%忘れ、１日後には74%、さらに１週間後には77%、１カ月後には79%を忘れるとされています。

ですから、記憶力を高めるには、忘れる前に繰り返し同じ情報を脳に入れ、記憶を定着していく必要があるのです。

です。これは、文系科目なら地歴など、理系科目なら、生物や地学など、暗記要素が多い科目で役立ちます。

スキミングの**ポイントは一つひとつを覚えようとしないこと。流れだけを理解するつもりで読みます**。もし、「ここはちょっと難しそうだな」と思ったら飛ばしましょう。とにかく最後まで読み切ることが大切です。

スキミングをすると、何時間勉強すればいいか体感でわかる

スキミングのメリットの一つは、**一通り読むことで、何時間くらい勉強すればいいか見極めができる**ことです。単元の数や、覚えなければいけない重要キーワードの数も何となく把握できてきます。何となくでも、まずは全体像をつかむことが重要です。

そうすることで、安心して一つひとつの単元に集中できるからです。

僕が初めて古文・漢文の勉強に取りかかったのは高3の春のことです。周りの話では、「春休みに集中して取り組めば充分」などと言われていました。そう言われても、本当に自分にもできるのか実感が湧かずに不安でした。そこで、春休みが始まってからすぐに『マドンナ古文』（学研）を買って、1～2週間でざっと読みました。すると、「あっ、こうい

う感じか」と〝自分ごと〟にできました。

この〝自分ごと〟にすること、つまり、体感してみることがとても大切です。古文のスキミングでうまくいったので、次は、漢文の『漢文ヤマのヤマ』（学研）をざっと読んで、「これくらいかかりそうだな」と体感し、漢文でも見通しをもって進めることができました。

一つひとつをちゃんと覚えていくのは、ざっと読んだ後です。

全体像が何も見えないなかで、1章からキーワードを全部覚えていくと、終わるまでにかかる時間が想像できず、いつまでやればいいのかわかりません。

例えば、富士山登頂を目指そうとするなら、山頂までの高さは3776メートルだなと調べることで、〇〇メートルずつ上がるごとに休憩を取ろう、などの登山の計画が立てられます。高さや全貌のわからない山だとしたら、怖くて登山はやめておこう、となるのではないでしょうか。

スキミングをする本は、教科書でも悪くはありません。ただ、「教科書は読みづらい」という人もいるので参考書がおすすめです。では、どのようなものを選べばいいのでしょうか？

難しく書いてある本や、情報量の多い本ですと、そもそもざっと読むことができません。すぐにつっかえてしまい、スピードが出ないはずです。難しいところは飛ばしていいと言いましたが、飛ばしてばかりでは全体像の把握が難しくなります。

スキミング用の参考書を選ぶときは、とっつきやすくて、語りかけてくるような文章のものがおすすめです。受験生の気持ちに寄り添ってくれるような本がいいと思います。

例えば、古文では荻野文子先生の『**マドンナ古文　パワーアップ版**』（**学研**）はわかりやすかったです。

デザインも重要です。僕は文字がびっしり詰まっているものは、読む気がしなくなってしまうので、ほどよく余白があるものを好んで買っていました。

人それぞれ好みがあるので、自分の読みたくなるような参考書を選ぶとよいでしょう。

ここまでお伝えしてきたのは、あくまでも初学段階でのスキミング用の参考書についてです。はじめはできるだけやさしく書いてあるものにして、ハードルを下げておくのがポイントです。

ただ、**わかりやすくかみ砕いてある参考書ばかりでは、先のレベルに行けません**。自分の力を上げていくためには、詳細に書いてある参考書にも挑戦していく必要があります。一通りスキミングをして全体像を把握した後は、細かい知識を肉づけしていって、徐々にステップアップしていきましょう。

「わからない」と思ったら、多読せよ

すべての科目にいえることですが、「わからない」と思ったら、**どんどん違う参考書を読むことが重要**です。多読していくのです。

同じことでも、違う人が違う視点から話していると、異なる表現になります。覚えておいてほしいのは、「一を聞いて十を知るのは不可能」ということ。僕の経験則では、初めて学ぶ分野では、1を聞いて0.6知ることができれば、まずまずの出来です。そもそも一を聞いて一を正しく理解できれば上々です。だから、**違う視点から書いたことを数多く読むことによって、理解の精度をどんどん上げてほしい。**

多読のメリットの一つは、何が重要なのかがわかることでしょう。つまり、「本当に重要なことは、どの本にも書いてある」のです。

一冊の本を読んでいて、どうしてもわからないところがあれば、その本だけにこだわらずに、他の本を読んでいきましょう。すると、「こういう言い方だったらわかる」「こう考えればよかったんだ」とわかってきます。

そうやって、**複数の本の「共通項」をいろいろな視点で考えることで理解を深め、何が重要なのか自分の力で体感し、全体像をつかんでいく**ことが大切です。

ただし、「全部の本には書いてない」からといって、「重要ではない」とは言い切れません。重要なことを中心に知識を増やしていくつもりで多読しましょう。

僕は、受験のとき、現代文の解き方がわかりませんでした。体系がないから、解き方がわからない。だから、現代文の参考書を片っ端から目を通しました。

現代文の解き方について、いろんな人の考え方を知って、「こうやればいいのか」と学んでいくうちに、模試で点が取れるようになりました。僕は理系ですが、気がついたら、国語が得点源になっていました。**わからない科目は、何冊も読む多読をおすすめします。**

多読すると、いろいろな先生の授業を受けた気になります。すると、いろんなテクニックや考え方がだんだん頭に入ってきて、同じテーマも違う見方ができるようになってきます。一人の先生の本だけを読んでいると、漏れや偏りもあります。多読することで、足りなかった知識が新しく入ってきます。

新しく得た知識は、後ほどお伝えする「まとめノート」に書き足していきます。そうやっていけば、いろんな本に入っている情報を一つにまとめることができます。さらに、まとめていく過程で、自分の中で整理ができます。

Chapter 2.▸▸▸2

学力 × 方向性 × 集中度

論理の理解を深めるために効果的な「インプット」

#インプットはていねいに

#既読印で理解を深める

#まとめノートを作ろう

音声データ

「既読印」をつけて深く理解する

Chapter 1.では、「論理を理解する」には、次の3段階が重要と言いました。

ⓐ　インプット
ⓑ　整理
ⓒ　アウトプット

インプットし、整理して、アウトプットするという流れでしたね。これによって理解を深めていきます。では、それぞれの段階でどういう勉強法をしていけばいいのか、まずはインプットのやり方から説明していきます。

教科書や参考書を読みながらペンやマーカーで線を引くことはありますよね。皆さんはどこに引いていますか？「重要と思う部分」に線を引く人が多いのではないでしょうか。それ自体は間違っていません。

しかし、「まだ理解できていない」ところに線を引いていたら要注意です。理解できていないところに線を引くのは自然なことのように思えますが、わかっていないところすべてに線を引いてしまうと、おそらく本のページが線だらけになり、理解できていないページがわかりにくくなってしまいます。それでは本末転倒ですね。

僕のおすすめは「**理解したところに線**（＝**既読印**）**を引く**」**というやり方**、つまり、「なるほど」と理解したところに線を引くのです。色は何色でもいいと思いますが、僕は自分が見やすい赤色で引いています。

ポイントは、「**なるほど、そういうことだったんだ！**」**と腑に落ちて、理解できたことに感動し、**「**これは覚えておきたい**」**と思ったところ**に線を引くことです。「読んで、ちゃんと理解できています」という印です。

「自分が言語化できなかったことが言語化されている」
「自分の中でぼんやりしていたことが理解できた」
「そういうことだったのか！」

というときに線を引きます。

既読印をつけるメリットはたくさんあります。

既読印のメリット

①気づきや感動したところに線を引くと、引きながら理解が深まる
②線を引いておくと、記憶に残りやすい
③読み返したときに感動がよみがえる
④「ここまでは読んで、理解している」という成果が見える

この③について、わかったときの感動や記憶は、時間が経つとどんどん風化していき、忘れてしまいます。既読印を引いておくことで、読み返したときに、理解した瞬間の感動を思い出すことができるのです。この感動を思い出すことで、記憶しやすくなります。

また、④については、「教科書や本を汚したくないから、線を引きたくない」という人もいるかもしれません。それも悪くないですが、そういう人も、もし、成果が出ていないなら線を引いてみましょう。**何もせずに黙読するよりは、線を引くことで集中度も維持しやすくなります。**

僕が線を引いていたのは、わかりやすく書いてある本というよりも、黒字の多い教科書や参考書です。だいたい、1～2ページに一カ所くらいずつ引いていました。

何行も引くというよりも、1行やワンフレーズ程度を引く感じです。

覚えたいことがあるなら、出合う回数を増やせばいい

ここからは全体像をつかんだ後に記憶量を増やすための勉強法を説明していきます。

突然ですが、みなさんは「apple」という単語と意味を知っていますよね。どうやって覚えましたか？　「apple, apple, apple……」と何度も書いて覚えたでしょうか？　おそらく、「apple はリンゴである」というのは、**これまでの人生の中で数多く出合って自然と覚えた**のではないでしょうか。

「he」は「彼」で、「she」は「彼女」。これらも何度も何度も目にしたからこそ覚えていますよね。覚えるには出合う回数が重要なのです。ということは、覚えたいなら出合う回数を増やせばいいのです。

単語を覚えたいなら、1枚の紙に単語と日本語訳を書いて目につくところに貼る

僕が勉強で何かを覚えたいときは、B5やA4の紙に覚えたいことを書いて、目につくところに貼っておきました。

1枚の紙に覚えたい英単語をまとめ、目につくところに貼る

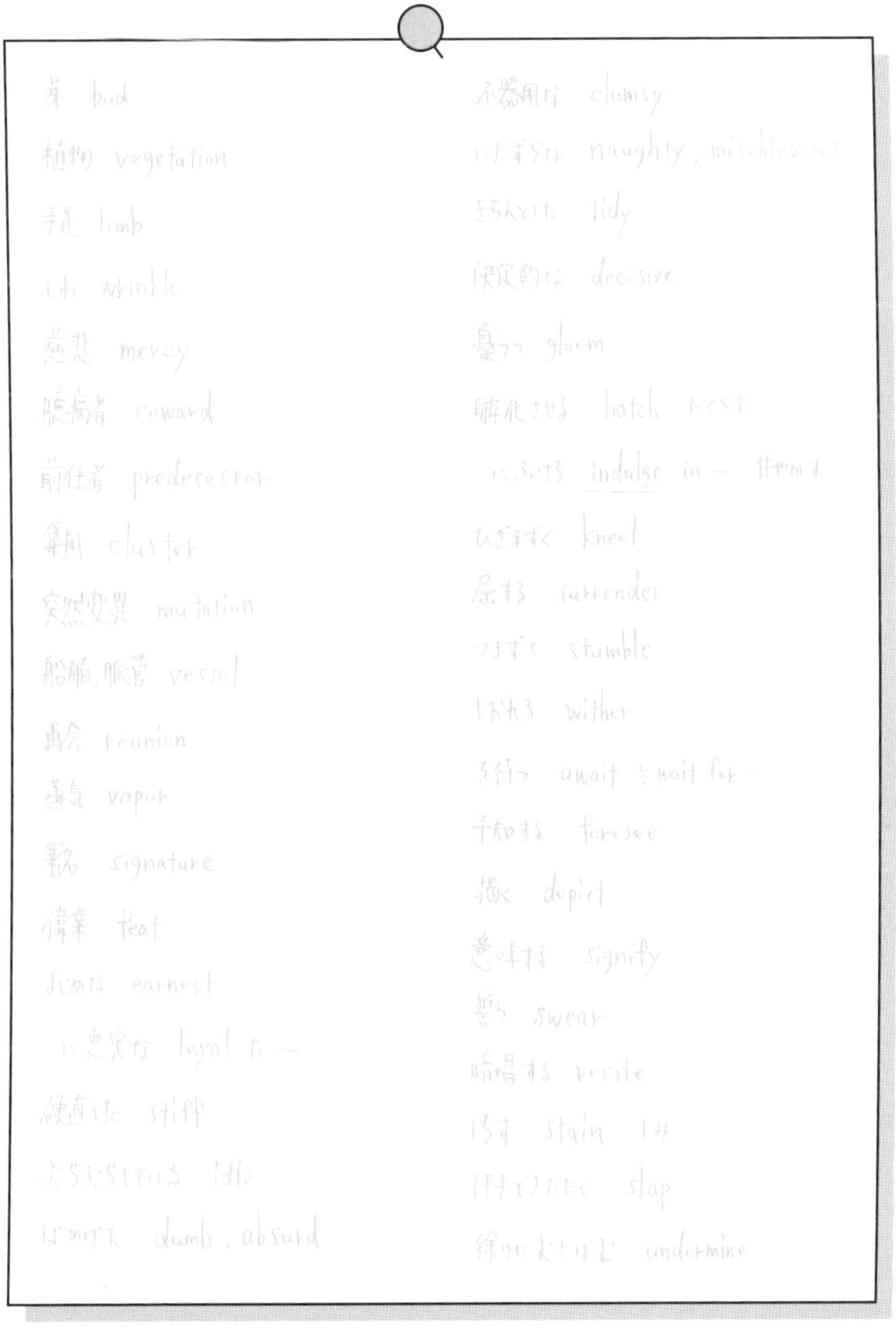
芽 bud
植物 vegetation
手足 limb
しわ wrinkle
慈悲 mercy
臆病者 coward
前任者 predecessor
集団 cluster
突然変異 mutation
船舶、脈管 vessel
再会 reunion
蒸気 vapor
署名 signature
偉業 feat
まじめな earnest
〜に忠実な loyal to 〜
硬直した stiff
ぶらぶらしている idle
ばかげた dumb, absurd
不器用な clumsy
いたずらな naughty, mischievous
きちんとした tidy
決定的な decisive
憂うつ gloom
孵化させる hatch たくらむ
〜にふける indulge in 〜 甘やかす
ひざまずく kneel
屈する surrender
つまずく stumble
しおれる wither
を待つ await ≒ wait for 〜
予知する foresee
描く depict
意味する signify
誓う swear
暗唱する recite
汚す stain しみ
(平手で)たたく slap
徐々にむしばむ undermine

英単語を覚えたい場合は、用紙を縦半分に折って2列にし、英単語と日本語訳をどんどん書いて、部屋のドアやトイレの壁などに貼っていました。

同じものをコピーして何枚も貼るのではなく、書いた紙だけでOKです。覚えたいものができたら、どんどん書いて貼っていく。高校生のときは、英語の授業で新しい英単語が出てくるたびに紙に書いていきました。書くのは、1枚の紙にだいたい、30〜40個くらいの単語になります。

無理に覚えようと思わなくていいのです。毎日、何気なく見るだけで効果があります。だいたい2週間くらい貼っておいて、何度も見ることで自然と覚えられます。2週間で覚えられない場合は、もう少し長く貼っておいてもいいと思います。

英単語の場合は、英語と日本語訳を近くに書くのがポイントです。**視覚的に画像として覚えるイメージなので、できるだけ近くに書いたほうがセットになって覚えやすい**のです。英語や漢文、古文でも、単語レベルで覚えたいことは、書いて貼っておくと覚えられますし、その他、数学の解き方など、覚えたいものは、どんどん書いて貼っておくといいでしょう。

繰り返しになりますが、無理に覚えようと思わなくてもいいのです。何回も何回も見ているうちに自然と覚えているはずです。

名刺サイズの単語カードを使おう

単語カードを使って覚えるのも、昔から定番の暗記の方法なだけあって、効果的です。単語カードは、リングに何十枚かのカードが束ねられたもののことです。多くの人は小さめのカードの表面に英単語を書いて、裏面に日本語訳を書いて覚える人が多いでしょう。加えて、単語の暗記以外にも活用する方法があります。それは重要な語句や概念の要約を覚えるときです。使うのは名刺サイズくらいの大きめの単語カードで、**表面に問いを立てて、裏面に要約を書きます**。

繰り返しになりますが、要約を書くときは、きちんと自分が理解できていることを自分の言葉で書きます。理解できていないことを書いても、覚えられません。

具体的なやり方としては、例えば、表に「末法思想とは？」と書いて、裏側にその要約を書いておきましょう。表の問題を見て、心の中で、「これはこうで、だからこうだったな」と思い返したら、裏の要約を見て確認しましょう。「やっぱりそうだった」と思えば正解。覚えきれていなかったら、もう一度、裏の要約をよく見ます。

単語カードを使うと、「覚えきれている」ことが確認できます。繰り返すこと、つまり、出合う回数を増やすことで、記憶が定着していきます。記憶量を増やすために有効です。

単語カードを使った勉強法では、もう一つ大きなメリットがあります。それは、いつでも手軽に確認できることです。電車での移動中、休み時間、横になりながら、食べながらなど、いつでも勉強できます。

僕のおすすめは、**勉強机に向かったけれどやる気が出ないときに、とりあえず単語カードを眺めること**です。ノートや参考書を広げたりする手間がなく、手軽に始められるので、心理的なハードルが低いのです。日々の学習のウォーミングアップとして、単語カードの学習を最初にやる習慣にするのもいいと思います。

単語カードを作るときは、科目別がいいでしょう。あまりカードの枚数が多いとやる気がなくなるので、ひと束は50枚くらいにしておくといいですね。

また、どんどん早く答えられるようにスピードを上げていくと楽しくなります。反射的に答えられるレベルまでできたカードは、抜いていってもいいですし、リングの後ろに、「覚えたゾーン」を作って、後でもう一度やってもいいでしょう。自分の好みで決めていいと思います。僕の知り合いには、覚えたカードをちぎる人もいました。

ただし、間違っても、単語カードを作っただけで満足してしまわないこと。作っただけでやった気になるのは、形式主義の人の勉強です。身につくまで、繰り返してください。

名刺サイズの単語カードの書き方の例

表面	裏面
回転体の体積の公式	$V=\pi\int_a^b y^2dx$ (x軸回転) 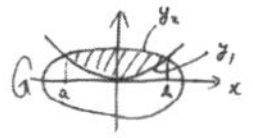 $V=\pi\int_a^b\{y_2^2-y_1^2\}dx$
極限の公式いくつか	$\lim_{\theta\to 0}\frac{\sin\theta}{\theta}=1$, $\lim_{\theta\to 0}\frac{1-\cos\theta}{\theta^2}=\frac{1}{2}$ $\lim_{n\to\infty}(1+\frac{1}{n})^n=e$ $\lim_{x\to 0}\frac{e^x-1}{x}=1$
整数問題、解法3パターン	① 因数分解 ② 評価 ③ 剰余 困ったら帰納法と背理法を思い出せ！
格子点上のAB上に格子点がないときの $\overrightarrow{AB}$ の条件は？	$\overrightarrow{AB}=\begin{pmatrix}a\\b\end{pmatrix}$ (ただし、a, bは互いに素)

Chapter 2. ▸▸▸ 3

学力 × 方向性 × 集中度

論理の理解を深めるために効果的な「整理」

#まとめノートを作る　#自問自答で弱点探し

#インプットした情報を整理しよう

音声データ

「まとめノート」を作ると情報が散らからない

インプットをした後は、インプットした内容を整理するために、科目ごとの「まとめノート」を作るのが有効です。
まとめノートを作るときのポイントは次の四つです。

まとめノートのポイント

(1) 論理構造がわかるように書く
(2) 後で新しい要素を加えていけるよう、余裕を持って書く
(3) 見返すことを前提にきれいに書く
(4) 教科書丸写しはしない。作るのは「わかったノート」

この四つについて、ここから順に説明していきます。

① 論理構造がわかるように書く

「論理構造がわかるように書く」ことはとても大事です。例えば、もし物理で電場や磁場の法則をまとめるのであれば、「こういう流れがあって、法則が導かれた」というように、体系立てて流れをまとめます。

流れをつかむことが重要です。**「流れをつかむ」とは「論理構造がわかる」と言い換えることができます。**

別の例で、世界史の実存主義を考えましょう。Aという参考書では複数ページにわたって実存主義に関わる哲学者5人が出てきます。キルケゴール、ニーチェ、ヤスパース、ハイデガー、サルトルです。まとめノートでは、それぞれが何をやっていたか、1ページでわかるようにまとめます。流れを自分なりに理解してまとめる作業が必要なのです。

参考書Aには、キルケゴールだけで4ページあって、その次にニーチェの話になる。読み進めていくと、「何で今、ニーチェについて勉強しているんだ?」と忘れてしまう。

そのときに、流れを踏まえた「まとめノート」を見ると、「そうか、今は、現代思想をやっていて、実存主義5人衆の一人、ニーチェを学んでいるんだ」とわかります。

1カ所にまとめておくことで、それぞれの主張の違いや関係性も見えてきます。

比較できるものはまとめておくと違いを理解しやすく、記憶もしやすくなります。繰り返しになりますが、要素を点として覚えるのではなく、しっかり論理の流れの中で理解していかないと、深い理解はできません。

数学や物理などで公式だけをまとめる人もいますが、あまり効果的ではありません。どういう流れで導かれた公式かがわからなければ、少しひねられただけの問題でさえ、その解き方がわからなくなるからです。

とりあえず教科書の丸写しの文章でまとめてしまうと、見返したときに「結局これ何だっけ?」となってしまうので避けましょう。自分の言葉でまとめることに意味があるのです。

② 後で新しい要素を加えていけるよう、余白を残しておく

まとめノートは、ある程度余白を持たせて書きます。勉強を続けていくと、以前まとめたテーマに関して、新たな発見や気づきが必ず出てきます。これらを余白に加えていきます。**増えた知識をどんどん加筆していくイメージ**です。もし、間違えて理解していたことがわかったら修正しましょう。そのためのノートです。

僕は、まとめノートは基本的にはペンを使い、追加した項目は、色を変えて記入してい

ました。「これは追加した項目だな」と後でわかる。すると、「わからないところを解決できたんだな」という自分の努力の成果がわかる。ささいなことと思うかもしれませんが、**自分の努力の経過を見ることが、やる気につながる**のです。

③ 見返すことを前提にきれいに書く

ノートは作っただけで満足するのではなく、必ず後で見返しましょう。「このノートだけを見れば、復習は完璧！」と胸を張れる、オリジナルのマイノートを作るつもりで見やすく、きれいにまとめてください。自分なりのルールを作るとよいでしょう。

例えば、僕は、物理や化学に関して、自分で導出した大事な公式はすべて赤線で四角く囲んでいました。ノートを見たときに、見やすく、目立ちます。

理解できた感動が大きかったときには、星マークをたくさんつけました。「うぉー!!」という感動が聞こえてきそうなマークです。こだわったところは、ぐるぐると二重丸をつけたりすることもありました。

④ 教科書の丸写しはしない。作るのは「わかったノート」

やってはいけないのは教科書の丸写しです。写すのはただの作業になりがちだからです。それならば、丸写しせずに、教科書を見るほうが効率的です。教科書の内容を書くにしても、ちゃんと理解したもの、腑に落ちたものを、自分の言葉でノートにまとめていきます。まとめノートは、いわば自分のためだけのオンリーワンの教科書です。既読印をつけるところでも書きましたが、「自分がわかったこと」に線を引いたり、ノートにまとめたりすることが大切です。

「わからないノート」は要りません。**まとめノートは「わかったノート」**であるべきです。なぜなら、まとめノートは後で見返すものだから。わからないことをまとめてあっても、見返したときにわからないので意味がないのです。邪魔な情報でしかありません。

要は、「**このノートに立ち返れば、絶対に書いてある**」**ノートを作りましょう**。こうすれば情報が散らかりません。

では、わからないところはどうするのか。すぐにその場で聞いて、解決することです。すぐに聞けない場合、僕はふせんを貼っていました。

わかったことだけをノートにまとめよう

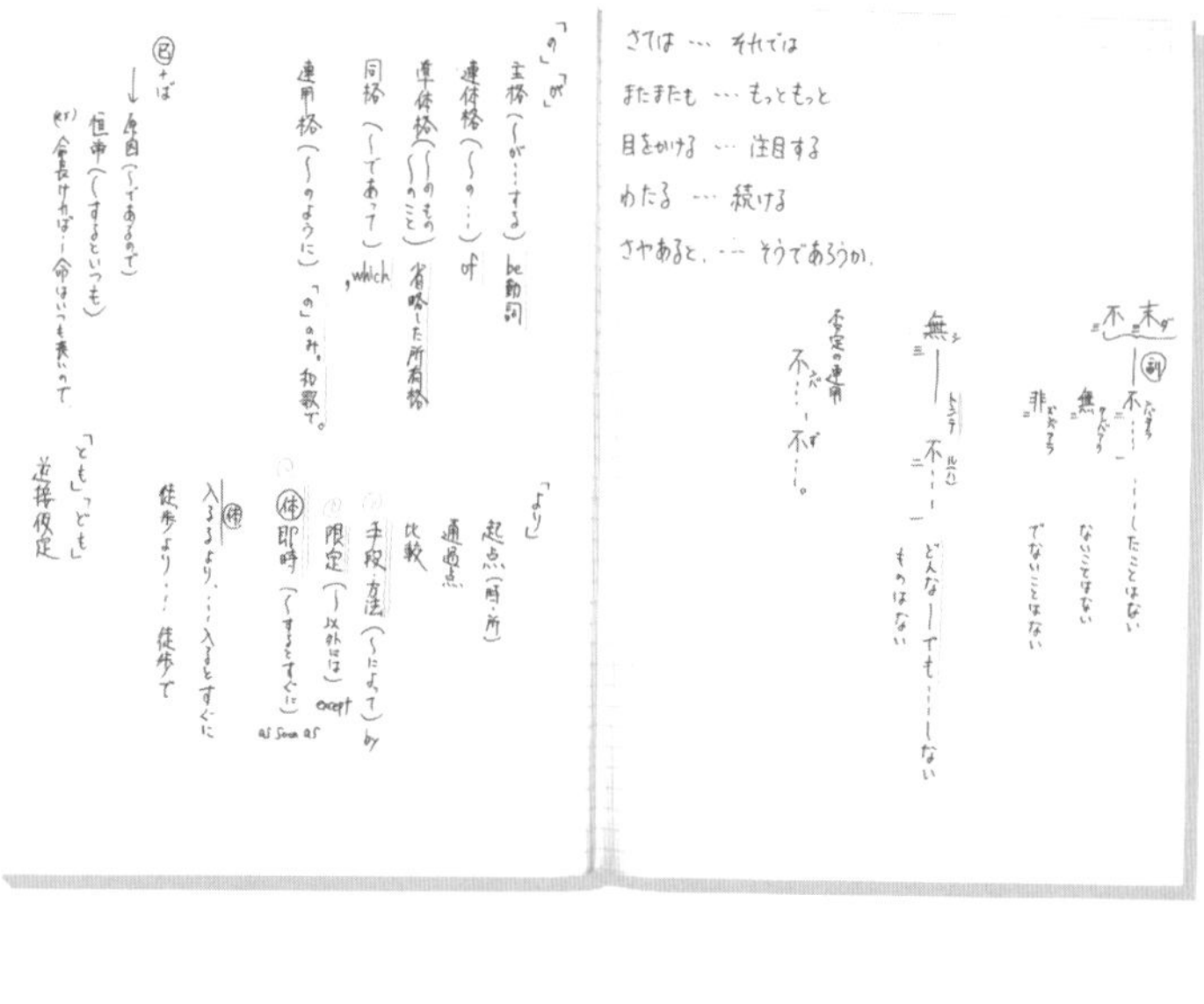

まとめノートはどの科目でも、まずは作ってみるといいでしょう。自分の言葉でまとめていく過程でも記憶に定着しますし、作り方も個々人に合ったやり方があるはずです。まとめ方から考えて洗練させていくといいと思います。

そして、人間は忘れがちな生き物です。忘れることは前提として、いかに思い出しやすくするかを考えましょう。「そういえば、あのページにまとめてあったな」と思い出し、何度もそのページを振り返ることによって、気づいたら長期記憶になっていることは多々あります。忘れることを前提に、まとめノートをぜひ作ってみてください。

自問自答で「わからないところ＝弱点」を見つける

整理に関してもう一つ重要なのは「要約する」ことです。「これはどういう意味？」と聞かれたときに、ちゃんと答えられないと意味がありません。ここで紹介するのは、**自分で問いを立て、それに対して「要約」した文章で答えていく勉強法**です。

例えば、「実存主義って何だっけ？」と自分に対して問いを立てます。そのときに、「実存主義に関わる哲学者は5人いて、無神論者と、有神論者に分けられる。そもそも実存は、現実存在の略。19世紀に産業の発達によって、人間性がないがしろにされた。だから、人間が本来の自分の存在を大事にしなくてはいけない。ということになり、人間性の回復を目指すために生まれた思想である」

このように言えたら大丈夫です。

問いに対する答えは、書き出してもいいですし、自分で声に出してもいいでしょう。途中までしか言えなかったら、参考書やまとめノートに戻って確認をします。

問いを立てて、それに答える練習をしていくことで、「自分がわかっていないところ＝弱点」に気づくことができます。

世界史を学習している人は知っていると思いますが、ソクラテスの「問答法」というものがあります。ソクラテスは古代ギリシアの哲学者で、一つのテーマに関して、相手に「それはどういうこと?」「それはなぜ?」と、どんどん質問し続けていました。自分の無知を自覚させるために、どんどん深掘りしていくのです。すると、質問をされた相手は自分がわかっていないことに気づきます。これを「無知の知」といいます。

勉強も同じです。「**自分が知らないことを知っていく**」**ことが大事**です。

もし、「一息に要約まで答えるのは難しい」という場合は、少しずつ掘り下げていってもいいと思います。例えば、「スピノザって、どんな人物?」と問いを立ててみましょう。

※自問自答の例

「スピノザって、どんな人物？」
↓
「オランダの哲学者だ」
↓
「何をした人だっけ？」
↓
「『エチカ』を書いた人だった」
↓
「『エチカ』ってどんな本だっけ？」

このように疑問を掘り下げていくのです。四つか五つくらい疑問を掘り下げられればいいでしょう。「あれ？　三つしか掘り下げられないな」という場合は調べて、参考書に書いてあることまでは答えられるようにしておきます。**問いの作り方がわからない場合は、目次の項目や参考書の見出しだけを見て、自分で説明していく**のもいいでしょう。

「ぼんやりとしかわかっていない気がする」というときは、いつでも問いを立ててみましょう。あるいは「わかった気になっているけれど、本当に大丈夫かな？」と不安に思ったときなど、その都度、自問自答するといいでしょう。

要約は頭の中で何となくわかっていることを言語化する作業でもあります。これをやるとどんどん力がついていきます。

Chapter 2. ▸▸▸ 4

学力 × 方向性 × 集中度

論理の理解を深めるために効果的な「アウトプット」

#間違えたら類題を探す

#人と対話してより理解する

#問題を出してみよう

音声データ

間違えた問題の類題を必ず探す

続いて、「論理を理解する」ための「インプット・整理・アウトプット」の3段階目、「アウトプット」についてお話しします。

アウトプットの一つは問題を解くことです。皆さんも、日々問題集に取り組んでいると思います。「問題集は、とにかくどんどん解けばいい」と考えている人が多いと思いますが、ちょっとした工夫で、さらに成果が上がる効果的な使い方があります。

それは「**間違えた問題の類題を探す**」という方法です。

問題集は、薄いものと辞書的な厚いものの2種類を用意する

問題集は2種類用意します。

一冊は、比較的薄くて、良問だけが厳選されている問題数が少なめの問題集。

もう一冊は、問題がたくさん載っている辞書のように厚い問題集。できれば項目が細かく分かれていて、幅広く網羅されているものがいいでしょう。

通常は最初の薄い問題集を解き進める。そして、間違えた問題があったときに、辞書的

な問題集から類題を探し出して解くという方法です。辞書的な問題集は全部解く必要はありません。辞書のように、類題を探すときだけ使う問題集と捉えてください。

類題を探すうちに理解はどんどん深まっていく

では、具体的なやり方について説明していきます。問題集の他に「**類題ノート**」も用意しておきます。

自分が「間違えた問題」や「不安に思う問題」に関して類題を探してきたら、この類題ノートにまとめておきます。類題はすぐには解かず、後で解きます。

例えば、数学Ⅰ・Aの薄い問題集で二次関数の解の配置の問題で間違えたとします。そうしたら辞書的な分厚い数学Ⅰ・Aの問題集から、似ている問題を探していきます。二次関数の項目を見ていくと、解の配置の問題があるので、似ている問題をノートに書いておきます。解の配置の問題と定義されていない場合もありますが、見ていくと似た問題を探すことができます。

この「似た問題を探す」という行為に意味があります。探す対象をわかっていないと探すことができないので、間違えた問題に立ち返って、間違えた理由や問題の意図を深く考

類題ノート

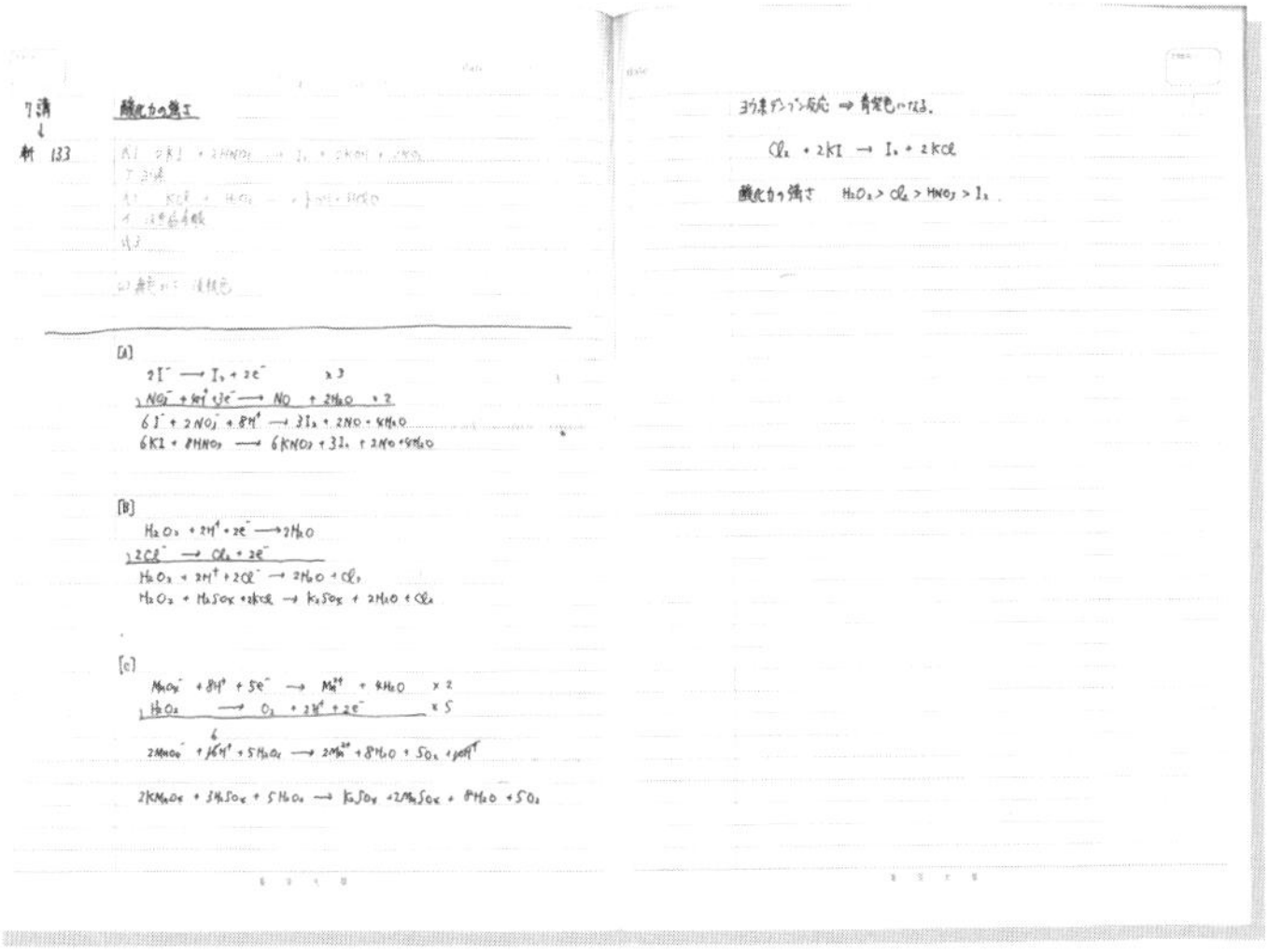

上は僕の化学の類題ノートです。

ある問題集の７講で、「酸化力の強さ」がテーマの問題を間違えたので、類題を探しました。辞書的な問題集の133番に類題があったので、それをまとめています。

える必要があります。また、探しているときに、いろいろな問題を見ていくことになります。「これかな」「こっちかな」と。「似ているけど何か違う。何が違うんだろう。そうか、ここが違うのか」と考えていく。すると、だんだん他の問題の意図や、間違えた問題との関連性がわかってきます。

類題を探すうちに理解がどんどん深まっていくのを実感できるでしょう。

類題を探すのは、間違えた直後が効果的です。見つけたら、類題ノートにまとめておき、3日後くらいに解いてみましょう。同じ日に解くと内容を覚えているので、すぐに解けてしまいますし、1週間後だと忘れてしまうので、3日後くらいがちょうどよく、記憶も定着しやすくなります。

皆さんの中には、「そんな面倒なことをしなくても、間違えた問題を後でもう一度解けばいいじゃないか」という人がいるかもしれませんが、一度解いた問題の場合、答えを暗記している可能性もあります。

新規の似ている問題を解くほうが、答えを知らないので、演習の効果も高くなります。

ちなみに「まとめノート」も「類題ノート」も、僕はルーズリーフではなく、ノートを使っていました。

人と対話して自分の理解を深める

これから紹介する「人と対話して勉強する」という勉強法は本当におすすめです。星三つの効果的な勉強法といえます。

人と対話して勉強する方法は二種類あります。

一つは「**わかったことをひたすら人に語る**」ことです。**人に語っているうちに理解が深まりますし、「わかっていること」と「わかっていないこと」が整理されていきます。**話す相手は、同級生でもいいですし、家族でも構いません。僕は学校や塾の先生に頼んで、よく話し相手になってもらっていました。というのも、相手が話す内容について詳しい人だと、適格なフィードバックがもらえるからです。相手が内容をわかっていない人の場合は、教科書や参考書を手渡して、「ここについて話すよ」と伝えてから、聞いてもらってもいいでしょう。

「すらすら話せると思ったのに、思ったより話せない」と思ったら、理解不足のサインです。そのときは、また教科書や参考書に戻って確認するようにしましょう。

もう一つは、「**受験生の友人とあるテーマについて議論をする**」方法です。これは、高校時代に友人とやっていました。

「ここがよくわからない。こう思うんだけれど、どうかな？」というように、科目の一つのテーマについて議論をしていました。あるいは、メールでやりとりすることもありました。今の時代なら、SNSを使って議論するのもいいかもしれません。

内容としては、まるっきりわからないところを聞いても議論にはなりませんし、深く理解しているところなら、議論をしても伸びしろが少ないので**7～8割わかった気がしているけれども、何かあいまいで腑に落ちないテーマについて議論をする**と効果的です。大事なのは、2～3割のわかっていない部分を放置しないことです。しっかりとわかるようにしたいから議論をする。

対話をする勉強法に向いている科目は、数学や物理、歴史などです。

類題探しも対話もそうですが、**アウトプットしていく機会をたくさん設けることが大事です。できるだけ多く話したほうが力がつきます。**

問題を出す側になると出題者の意図がわかる

余裕があるときに試してみてほしい勉強法が「**自分で問題を作ってみる**」ことです。皆さんは受験生ですから、いつも問題を解く側ですよね。

「問題を作る」ということは、問題を出題する側の立場になること、つまり、大学側の気持ちになってみるようなものです。すると、問題作成者の意図がわかってきます。

新たに問題を作るのが難しい場合は、すでにある問題の数値や条件を変えて解いてみるのもいいでしょう。

例えば、物理のピストンの問題で、「○○だけ引っ張って、押し込んで、熱を加えて、戻しました」という問題があったとしたら、先に熱を加えてから押し込むとどうなるか、という問題を作ってみましょう。もし、解答に自信がなければ、先生に聞きます。

物理以外の理系科目でもできます。

一緒に勉強をする仲間がいるなら、問題を出し合うことも力になります。

僕は、高校時代に友人と「二人で試験をやろう」と言って、『1対1対応の演習／数学』（大学への数学1対1シリーズ、東京出版）から、3問ずつ問題を出し合いました。

問題を出し合うとなると、勝負ですから「相手の苦手なところから出してやろう」と思いながら問題を選ぶわけです。「どれを出そうかな。きっと相手はこの問題はわかっていないんだろうな」と考え始めると、出題者の気持ちになれます。

問題作りは楽しいので、余裕があればぜひ試してほしいと思います。

Chapter 2.
まとめ

- 目次をチェックリストとして使うと、
  勉強の進捗が一目でわかる。

- スキミングをすると、
  勉強にかかるおおよその時間が
  体感できる。

- わからないときは、
  違う参考書を比べながら読もう。

- 「重要そうな箇所」ではなく、
  「理解した箇所」に
  線などの既読印をつける。

- 間違えた問題は、
  必ず類題を探そう。

- 「出合う回数」を増やすと
  記憶しやすい。

Chapter 3

方向性を維持する方法

Chapter 3. ▸▸▸ 1

学力 × 方向性 × 集中度

目標を設定して毎日、立ち返る

#目標は文字にしよう　#細かく目標を立てる

#逆算して考える

音声データ

目標設定をして言語化する

ここからは「正しい方向性を維持するための方法」について紹介します。

方向性について考えるために必要なのは、目標（ゴール）です。先に目標をきちんと定めない限り、そこには到達はできません。目標もなく、がむしゃらにやっても、それが報われる可能性は低いでしょう。目標があって、はじめて方向性の正誤がわかります。

「今、ここが弱点だから伸ばさなきゃいけない」
「この時期までにこれをやり切ろう」

など、目標はいろいろあると思います。

頭でぼんやりと考えるのではなく、必ず言語化して、しっかり目標として設定することが重要です。「言語化する＝自分の言葉で書く」ということです。

目標を設定して、毎日、目標を確認してほしいのです。そうしないと、目標に対して成果を出せたかをチェックできません。がむしゃらにやっていると「何のためにやっているのか」がわからなくなり、モチベーションが下がり始めます。大切なのは、常に今、目の前で取り組んでいることは何のためにやっているのかを考えることです。

「今、自分はこの数学の問題集を解いている。でも、何となく惰性でやっている」となるのは、方向性のない努力でよくありません。そもそも目標設定ができていないので、正しい方向性がわからない状態です。

「なぜ、今、この数学の確率の問題を解いているんだろう?」

「それは、自分の志望校は確率の問題をよく出すし、自分の苦手分野だから」

「なぜ、その大学を受けようとしているの?」

「それは、その大学に興味のある学科があって、絶対に入りたいから」

このように常に自分の目標を言えるような状態であることが理想的です。学ぶ目的や意味を感じながら勉強したほうが、身につきやすくなります。

「期日+言語化」のセットで大目標・中目標・小目標を設定する

目標を設定すること自体は特別なことではありません。

ただ、目標が日々の勉強と結びつかなければ、方向性はずれてしまいます。そうならないように、大目標・中目標・小目標というように、できるだけ細かく分ける必要があります。自分の理想の状態と、そうなるために必要な日数を具体的に言語化します。**期日と言語化は常にセット**です。例えば高3の4月は次ページのように書きます。

目標は大・中・小で分ける

大目標

1年後に、
志望校に合格する。

中目標

半年後に、志望校の入試で
配点の高い英語を得点源に
できるようにする。

小目標

今週は、英語の中で
最も苦手な和訳問題を
重点的に勉強する。

大目標は、目標とする大学の名前を入れます。

中目標は、シーズンごと（春休み、1学期、夏休み前半、夏休み後半、2学期、冬休み、直前期）に立てます。

小目標は、1週間ごとに立てます。

目標を細かく立てて、期日までにやっていきましょう。考え方としては、大目標からどんどん掘り下げていき、目標は1週間単位のものにして、常に「今自分はこの目標のためにやっているんだ」という目的意識を持ち続けることです。毎日立ち返れる目標がないと、方向性がどんどんブレるので注意してください。

行きたい大学が、国公立理系の大学と私立文系の大学で目標の立て方は大きく変わってくると思います。それぞれのおすすめの計画の立て方を表にしましたので（次ページ参照）、参考にしてください。僕の経験から夏休みや春休みなどの休み期間は1日8時間、授業期間中は1日4時間の勉強時間を想定しています。

大目標・中目標・小目標の立て方の例

■国公立大学の理系志望の場合

	大目標	中目標 春休みにやること	小目標 3/1～3/7の期間でやること
国語	東京大学・理科Ⅱ類に合格	古文は『マドンナ古文』で解法を理解する。漢文は『漢文ヤマのヤマ』で文法を一通り理解する。	共通テストの漢文の過去問を７年分解く。
英語		入試の過去問のリスニングで安定して９割取れるようにする。	東大過去問のリスニング問題を７年分解く。移動中も必ず聴いて復習する。
数学		夏に開催される東大模試で整数を完答できるようにする。	『マスター・オブ・整数』で35問解く。間違えた問題はその原因を分析する。
物理		一通りの公式を自分で導出できるようにする。演習は『名問の森物理』を進める。	『理論物理への道標』で電磁気の公式の導出をまとめ切る。 余裕があれば『名問の森物理』の電磁気部分に着手する。
化学		『大学受験Doシリーズ』で基礎を理解する。 演習は『化学の新演習』を進める。	有機分野・高分子化合物の問題を『化学の新演習』で一通り解く。 間違えた問題は『実戦化学重要問題集』から類題を探してまとめる。

■私立大学の文系志望の場合

	大目標	中目標 夏休みにやること	小目標 8/1～8/7の期間でやること
国語	早稲田大学・政治経済学部に合格	古文は『マドンナ古文単語230』に載っている単語をすべて覚える。 漢文は『漢文ヤマのヤマ』で句法・句形を身につけ、文構造の理解ができるようになる。	入試の過去問を5年分解く。 苦手なテーマがあれば洗い出して言語化し、背景知識や語彙をまとめる。
世界史		学校の指定教科書を使って通史し、一問一答の問題集を使いながら細かな部分を覚える。図表を見ながら文化史の理解も深める。	入試の過去問を５年分解く。 一問一答で苦手なルネサンス期の文化史を毎日１周して、間違えた部分をまとめる。
英語		入試の過去問で6割を安定して取れるようになる。	毎日早稲田政経の過去問を１年分解き、復習時間で音読をする。知らなかった単語は別途まとめて壁に貼っていく。

Chapter 3. ▸▸▸ 2

学力 × 方向性 × 集中度

「早慶志望」「MARCH志望」はやめましょう

志望校は一つだけ

明確な目標が自分を動かす

理由が必要

音声データ

志望校を決める勇気を持つ

目標を立てるときにいちばん注意してほしいのは、大目標には志望大学を具体的に書くことです。

よく耳にするのが「早慶（早稲田大学、慶應義塾大学）に行きたい」「MARCH（M＝明治大学、A＝青山学院大学、R＝立教大学、C＝中央大学、H＝法政大学）に入りたい」という人です。このように、カテゴリーで志望校を決めるのはやめましょう。

もし、MARCHが、5大学とも全く同じような問題を出題していて、受験対策も同じでいいのなら、「MARCHに行きたい」でも別にいいかもしれません。でも、傾向は違うはずです。一括りに**MARCH志望にしてしまうと、何を勉強したらいいか、方針が立てられない**のです。

志望校を青山学院大学（青学）に決めるとします。すると、青学の過去問をやる。やっていくうちに、必ず強みにしなければいけないところがわかるし、出題される傾向の中に自分の苦手な問題があるとすれば、やるべきことが自ずと見えてきます。

同様のことが、理系では医学部志望者に多いです。「医学部だったら私立でも遠方でもどこでもいいから、とにかく入ればいい」という人。そして片っ端から受けまくる。そういう人は、合格のための基礎学力はあっても、各大学にかける対策が中途半端になり、本来受かるレベルの大学も不合格になってしまうケースがよくあります。

では、受かるのはどういう人なのでしょうか。「自分は○○大学医学部の消化器内科に行きたい。なぜならどこの消化器内科よりも研究が進んでいるから」のように、ちゃんと目標と理由が言える人です。

合格のコツは、明確な未来像を持つこと

志望校を絞り切れないのは、動機があいまいなままだからです。

もし、どこに行けばいいのかわからないのなら、オープンキャンパスに行ってみたり、資料を取り寄せたり、インターネットで調べたりするとよいでしょう。**受験勉強をする前にやるべきなのは、志望校を一つに絞り込めるまで大学について調べ、大目標を定めること**です。

第一志望を決めるのは勇気がいります。

決めれば、「自分には無理」「落ちるかもしれない」という恐怖が出てくる。

「どこかに受かればいいや」のほうが怖くない。

志望校を絞って、勉強の方向性を明確に

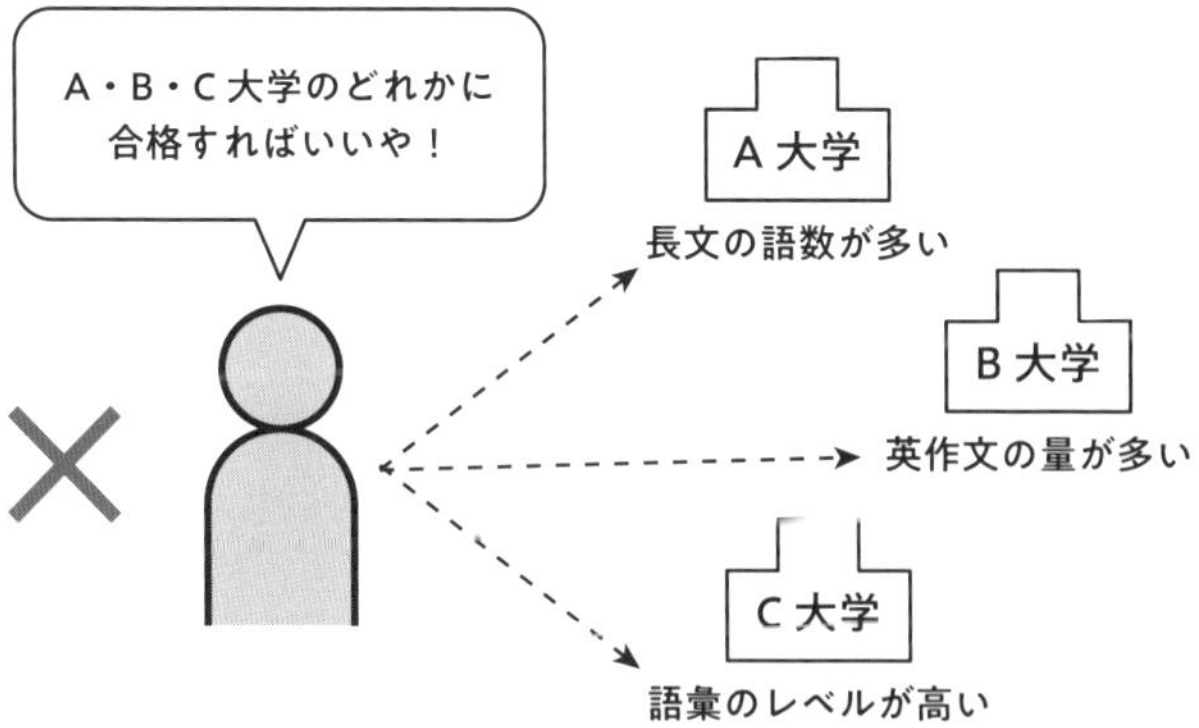

各大学で傾向が異なるので、方針を立てづらい。

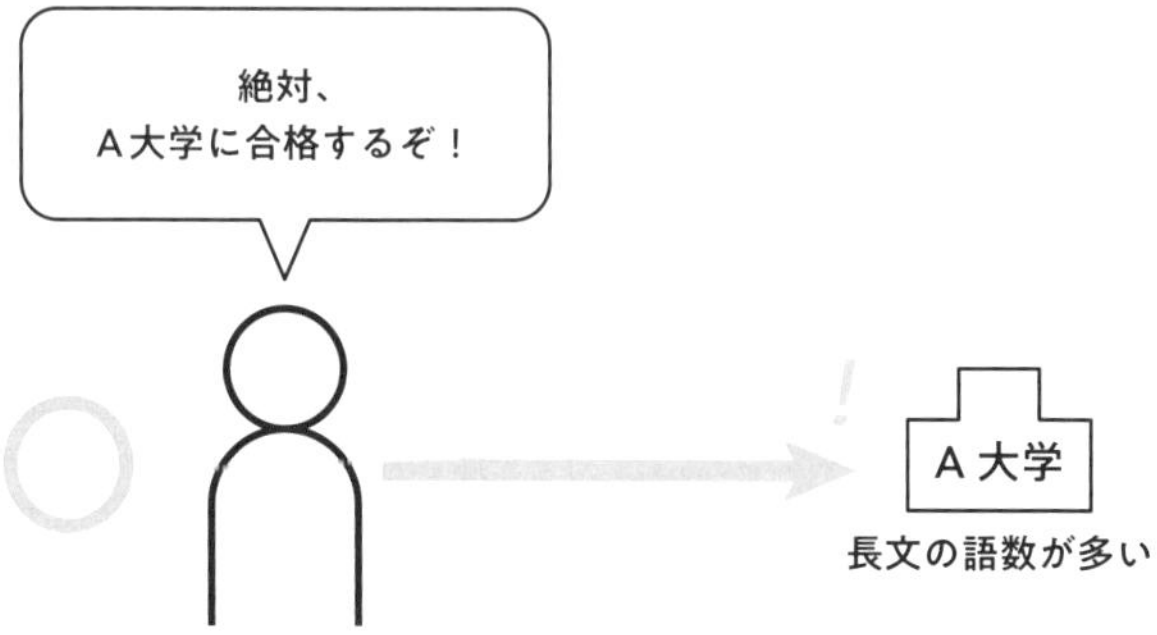

志望校を絞れば、やるべきことがはっきりする。

だから、多くの人が志望校をあいまいにしてしまう。

でも、それでいいのでしょうか？　志望校を一つに絞り、背水の陣で挑む受験生がいます。絞った分、方向性もはっきりしています。その人たちより高い成果を出す勉強ができますか？

動機は人それぞれでいいと思います。キラキラした大学生活を送りたいから青学に行きたいでもいい。とにかく地方から上京したいからでもいい。その時点で偏差値が30～40で、そう言い切るのは恥ずかしくて、怖いかもしれません。でも、恥や恐怖を乗り越えることも含めて受験です。第一志望を口にしてはじめて、受験生としてのスタート地点に立てるのです。

目標を言い切ると、行きたい大学に行くためにどうすればいいかを考え、どんどん頭がはたらいていくのです。目標を立てる意味はそこにあります。

途中で目標を変えるのは？

目標に向けて勉強を始めた結果、難しいと思ったら目標を変えてもいいのです。

僕も、最初は「最難関の東大の理科三類に行く！」と言っていましたが、必死に勉強してから現実を見て、「違うな、無理だな。東大では物理、化学、生物を幅広く学んで、入学後の進学選択でより具体的に自分に合った学部学科を選ぼう」と思って、理科二類に変えました。やってみて結果がだめだったら、その都度、方向性を改善すればいい。違う新しい目標を立てて頑張ればいいのです。

ただし、最初になるべく高い目標を立ててやったほうが走り出しやすいです。今の自分の延長線上で行ける目標を立てたとしても、大してやる気が起きないし、頑張る理由が見つからなくなります。

目標は仮で決めても構いません。大事なのは理由も含めて書くことです。気をつけてほしいのは、必ず、自分で考えること。「先生にすすめられたから」「親に言われたから」という目標だと当事者意識が湧きません。

Chapter 3. ▸▸▸3

学力×方向性×集中度

毎日、改善を繰り返す

#PDCAを高速で回せ

#勉強日報で成果が見える

#「できたこと」を記録せよ

音声データ

PDCAを回そう

目標を細かく立てた後に何をするか。「**立てた目標を達成できたかチェックし、日々その目標設定を更新していく作業**」**が必要**になってきます。

つまり、常に正しい方向に向かっていっているかをチェックし、方向がずれていたら修正していくのです。ビジネスの世界では「PDCAを回す」といいます。

PDCAとは、Plan（計画）→Do（実行）→Check（評価）→Adjust（調整）の流れのことで、ビジネスを急成長させるために、とても大切な考え方です。

受験でも同様に、PDCAを繰り返し回すことで成績アップできます。PDCAについてもう少し具体的に話すと、次のようになります。

Planは、前項で話してきた、自分の達成したい目標を明確に文章化することです。

それをDo、つまり実行していく。当日中、1週間以内、1カ月以内、このシーズン以内と決めた期日の中でそれぞれ実行していきます。

実行した後は、Checkで評価をします。達成できたのか、できなかったのか。できていたらその調子で前に進めばいい。できなかったとすれば、なぜできなかったのかを考えて言語化することです。ここがとても重要。きちんとCheckすることで成長できます。

最後にAdjustする。できなかったことを改善して調整していきます。

PDCAを毎日繰り返してやることが大切です。

勉強日報をつけると早く改善ができる

実際に僕がどうやっていたかというと、勉強日報をつけていました。

バーチカルタイプ（見開きで1週間の予定が書ける。1日は縦長で、1日のスケジュールが30分、1時間といった単位で管理できる）のスケジュール帳と、メモ帳を使って勉強の進捗状況を管理していました。やり方は次の通りです。

勉強日報のつけ方の例

①日曜日か月曜日の朝……スケジュール帳の隅に、その週に行う勉強の目標を書く。これはすでに述べた小目標のこと

②毎朝……メモ帳に、その日にやり遂げる予定を走り書きする

③毎夜……その日にやったことをスケジュール帳に書く

ポイントは、スケジュール帳にやること（＝予定）ではなく「やったこと」を書く点です。スケジュール帳を勉強日報（報告書）として活用するのです。

英語の音読をやったのであれば、○時から×時までのところに「英語の音読」と書きましょう。やったことを書いていくと、立てた目標をどれだけ達成したか、つまり達成率が具体的に見えてきますし、何に何時間割いたかもわかります。これを毎日、そして、毎週繰り返します。

やってしまいがちなのは、1週間分ぎっしりと、勉強の予定を割り振ってしまうこと。例えば、月曜日は9時～10時まで英語音読、10時～12時まで数学の問題集を解く、と細かく予定を入れてしまう。これをやってしまうと、改善のサイクルが1週間ペースになります。

そうではなく、AとBとCをやるという1週間分の目標を立てたうえで、**当日になってからその日の予定を立てましょう。** **すると、翌日にはその日の改善ができるので、PDCAのサイクルを1日1回のペースで回すことができます。**

例えば、『マドンナ古文単語230』を1周読んで理解する」を1週間の目標として立てたとしましょう。合計230語ありますから、1週間の最初の月曜日に「今日は調子がいいから、頑張って1から50語まで理解する」と決めます。**その日の調子によって変えればいい**

いのです。

もし、「少し風邪気味で、今日は国語が思い通りできなかった……」となったら、その改善策として、「明日は体調を見ながら、まずは国語を優先してやろう」と考えればいいのです。

PDCAは、毎日、細かく、なるべく早く回す

毎日改善ができるということは、1週間が終わってから改善するよりも、7倍速く改善ができるということです。日々、自分に適切な負荷をかけることもできます。予定を先まで組んでしまうとリカバリーが難しくなってしまいますが、その日の予定を当日の朝決めることで、毎日改善できる。これが重要です。

PDCAは、毎日、細かく、なるべく早く回すことが大切です。

PDCAを回すには、予定を立てるより、やったことを書いていったほうがチェックしやすいのです。できるだけ、改善の回数を増やしていくようにしましょう。

また、先に時間ごとに区切った予定を立ててしまうと、予定の時間をこなしただけで満足してしまうという弊害もあります。「英語の長文問題を5時間やる」といった予定を立て

勉強日報・メモ帳の書き方の例

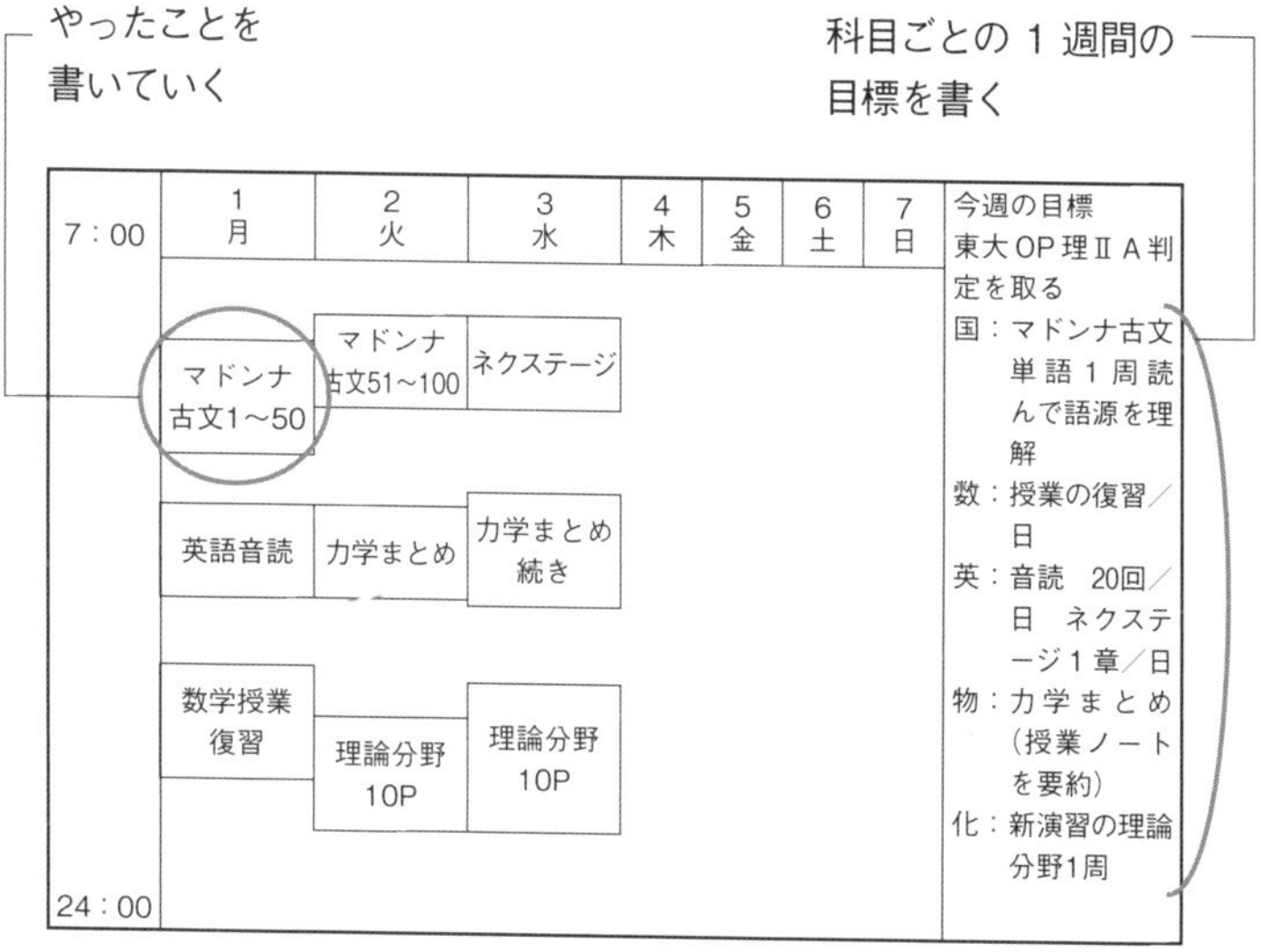
やったことを
書いていく
科目ごとの 1 週間の
目標を書く
7：00
24：00
1
月
2
火
3
水
4
木
5
金
6
土
7
日
マドンナ
古文1～50
マドンナ
古文51～100
ネクステージ
英語音読
力学まとめ
力学まとめ
続き
数学授業
復習
理論分野
10P
理論分野
10P
今週の目標
東大OP理ⅡA判
定を取る
国：マドンナ古文
単語 1 周読
んで語源を理
解
数：授業の復習／
日
英：音読　20回／
日　ネクステ
ージ 1 章／日
物：力学まとめ
（授業ノート
を要約）
化：新演習の理論
分野1周

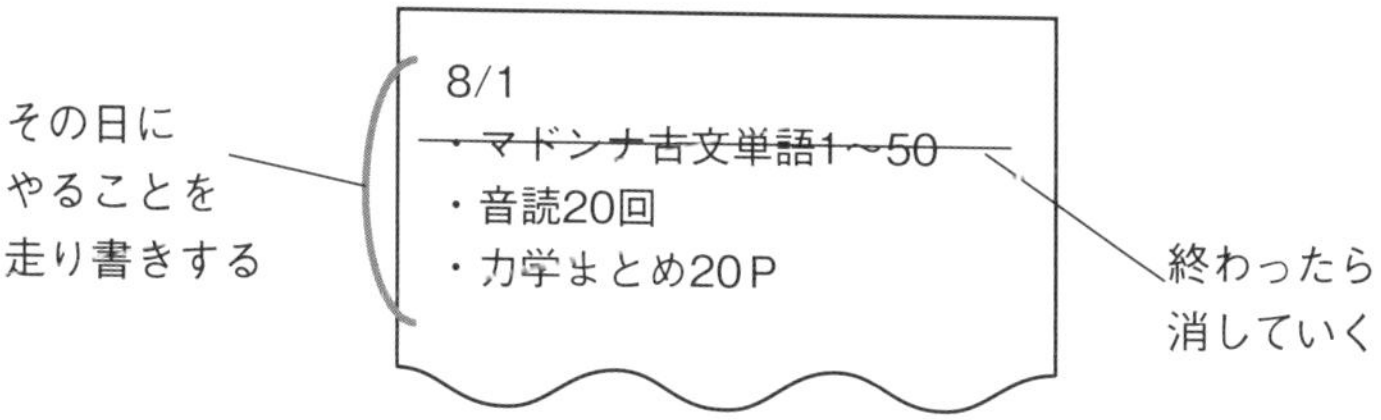
その日に
やることを
走り書きする
8/1
・マドンナ古文単語1～50
・音読20回
・力学まとめ20Ｐ
終わったら
消していく

てしまうと、5時間机に向かっただけで形だけの勉強になってしまいます。

苦手な長文読解の問題をやり切ったかどうかは関係ありません。志望校合格に向かって正しい方向で勉強できたかという、いちばん大事なことが置き去りになってしまいます。

また、**予定を立ててしまうと、予定通りに進まなかったときに、「今日は全然できなかった」とネガティブな見方をしてしまい、モチベーションが下がります。**

一方で、勉強をした後に、確実にできたことを書いていくとどうなるでしょうか？　できたことでスケジュール帳が埋まっていると、「自分はこれだけ進んだ」ということが一目でわかり、自信につながります。

達成してきた目標をすべてたどれるようにしておき、その延長線上に今がある、ということを確認できるのが重要です。**過去を振り返ったときに、それまでの成果を確認できると、根拠のある自信につながる**からです。

1日が始まるとき、メモに書くときには、「これを何時間やろう」とは書きません。「時間ベース」ではなく、「達成ベース」で考えなければいけないからです。

「3時間くらいを想定していたけれど、5時間かかってしまった」でもいいし、「2時間早く終わった」でもいい。なぜなら、やってみないとどうなるかわからないからです。初めて向き合う問題はなかなか理解できないかもしれないし、すぐにわかるかもしれない。

時間で予定を立てることは、あまり意味がありません。やったことを書いていくほうが理にかなっています。

勉強時間や何ページやったかは、達成感を得るという意味では有効です。達成感はモチベーション維持につながります。「何時間やった」「何ページやった」と記録として残しておくのはいいと思います。

何時間かければだいたいこれぐらい理解できる、という時間感覚もわかります。

いちばん注意してほしいことは、「達成感ありきの達成感主義者になってはいけない」ということです。**「ちゃんと理解したから伸びた」ことが大切であり、「時間をかけたから伸びたわけではない」ことは覚えておいてほしい**と思います。

Chapter 3.
まとめ

- ✓ 目標は、
頭で漠然と考えるのではなく、
言語化して設定する。

- ✓ 受験勉強をする前に、
志望校を1校に絞り込めるまで、
大学を調べる。

- ✓ スケジュール帳には
「やること（＝予定）」ではなく
「やったこと」を書く。

- ✓ 「ちゃんと理解できた」から伸びる。
「時間をかけた」から伸びるのではない。

Chapter 4

集中度を高める方法

Chapter 4. ▸▸▸ 1

学力 × 方向性 × 集中度

モチベーションが高いときにこそ、自分が集中しやすい方法を探しておく

#集中力アップ

#事前にモチベ維持のプランを作れ

#外郎売はいいぞ

音声データ

僕の集中力アップ術は、早口言葉や呼吸法

勉強するうえで、集中して取り組みたいと、皆さんも思いますよね。

ただ、「集中したい」と思うときは、どういうときでしょうか。すでに集中しているときは、わざわざ「集中したい」とは思いませんよね。つまり、**「集中したい」と思っていること自体が雑念で、集中できていない**のです。

集中できていないときほどモチベーション（＝やる気）も下がっているので、勉強の効果も期待できません。

こんなときの対策のパターンは三つあります。

集中できないときの対策

①やる気があるときに、先に対策を打っておく
②やる気の湧くものから始める
③思いきって休む

これを頭に入れておき、集中度の自己管理をきちんとしましょう。そうすれば、これま

で述べてきたことの効率がさらに上がります。

では、集中度を上げるためには、どうすればいいのでしょうか。基本的には、いろいろなことを試してみて、自分に合うやり方を見つけてほしいと思います。「自分の目標達成のために、よりよいものがあるんじゃないか」という探究心や改善する気持ちを失ってはいけません。

重要なのは、**やる気があるときに、自分なりに集中度を上げる方法を見つけておくこと**です。

ここでは、僕の試した結果、かなり効果があったものを中心に紹介していきます。

声を出して、血の巡りをよくする

やる気があるときにさらに集中力を上げる、私のとっておきの方法が「外郎売《ういろううり》」という歌舞伎の長い台詞を声を出して語ることです。

「外郎売」は、アナウンサーや声優が発声や滑舌のトレーニングのために行う早口言葉として有名です。第一節から第五節までありますが、一通り語っても10分ほどで済みます。「外郎売」とインターネットで検索すると出てきますが、ここでは一部を紹介します。

※外郎売の一部

拙者親方と申すは、お立合のうちに
御存知のお方もござりましょうが、お江戸を発って二十里上方、
相州小田原、一色町をお過ぎなされて、
青物町を登りへお出でなさるれば、
欄干橋虎屋藤右衛門、
ただいまは剃髪いたして、円斎と名乗りまする。
（埼玉県高等学校演劇連盟ホームページより引用）

「外郎売」は、長いので呼吸もしっかりしなければいけないし、顔の筋肉も動かす必要があります。発声することで血の巡りがよくなり、頭もよくはたらきます。

今も人前で話をする前や集中したいときには、「外郎売」の長台詞を語ってから臨むようにしています。

アスリートもやっている呼吸法で、スイッチを入れる

試験前など、本気で集中しようと思うときに、今でも必ずやるのは、ゾーンに入る呼吸法です。ゾーンとは「超集中している状態」のこと。アスリートも実践している方法のようです。この呼吸法を紹介しましょう。

集中するための呼吸法

① ゆっくりと肩に力を入れながら、鼻から空気を吸う
② 肩の力を少しずつ抜きながら、①の3倍くらいの時間をかけて口から息を吐いていく
③ 意識を呼吸に向け、数回繰り返す

この呼吸法で大事なのは、ゆっくり長く「吐く」ことです。人間は、息を吐いているときに集中します。思い浮かべてください。プロ野球の投手は、投げる前に「ふーっ」と息を吐いていませんか。柔道や相撲の試合中継でも、選手の方が試合が始まる前に「ふーっ」

と息を吐いているシーンをよく見かけるかと思います。

息を吐くと意識が集中して、「やるぞ!」というスイッチが入りやすいのです。

僕はこの呼吸を3~5回やって、気持ちが落ち着いてきたら、目の前の作業に取りかかります。体が闘争モードになるイメージです。

僕はこの呼吸法をルーティンとしていて、「この呼吸法を行えば集中モードに入ることができる」という刷り込みができています。

自分に合う集中法を見つけよう

他にいくつか、僕がやっている集中度アップの方法を紹介していきましょう。

一つは、「自分がやったことを全部肯定し、ポジティブに捉える」ことです。

例えば、期末試験になると睡眠時間が減って昼夜逆転してしまうことがあり、寝坊してしまったとします。こんなとき、人によっては「朝、起きられなくてダメだ」と考えてしまう人もいます。すると、ネガティブな気持ちになって、勉強しよう、という気持ちになれなくなってしまうのです。

だから、そこをあえて、「夜のほうが集中できるから、しっかり寝てよかった」と肯定的に捉えるようにします。いつまでも過ぎたことを悔やんでも仕方ありません。気持ちを切り替えて「さぁ、やるか！」と前向きに考えて机に向かいましょう。

二つ目は、「やらなければいけないことを口に出す」です。

「今日はこれを絶対にやらなきゃいけないんだ」と、自分で自分に言い聞かせると、危機感が高まって集中できるようになります。

三つ目は、勉強したり、本を読んだりしながら理解した瞬間に「なるほど」と実際に言うことです。これは僕の口癖になってしまっています。これは自分だけでなく、「東大生あるある」かもしれません。一人で勉強しているのに、「あー」とか「なるほどね」とつい口に出してしまっている友人が結構います。この、「理解した瞬間の感動」が漏れ出るというのは集中している証拠ですし、あえて意図的に口にすることでその感動を味わえて、一層集中できるようになります。ぜひ、試してみてください。

また、次に挙げるような方法もおすすめです。

▼シータ波が出されるBGMを聴く

シータ波とは、脳波の一つで集中力や創造力を高めるといわれるものです。水の流れる音や、森の中の鳥の鳴き声など、ヒーリング系の音を聴くとシータ波が出るといわれます。

▼クラシック音楽を聴く

クラシック音楽のような歌詞がない音楽なら気を取られることなく、集中モードに入りやすいでしょう。

▼片足立ちで30秒数えてみる

片足で立って、30数えるだけです。体を使うとやる気が出てきます。運動が得意なら、少し勉強から離れて、好きな運動をやってみるのもいいと思います。

▼足の裏のツボを強く押す

眠くて集中できなければ、足の土踏まずのあたりを指の関節や親指でぐいぐい押すと、眠気が取れます。

▼ご褒美を用意しておく

「これをやり切ったら、好きな動画を10分だけ見る」「今日の目標を達成したら、おいしいケーキを食べる」など、自分にご褒美を用意しておくことも効果的です。

▼成果を見える化する

自分が勉強したノートやレポート用紙、使い切ったボールペンを取っておいて、後で見返す。努力が積み重なっていくのが見てわかります。

人が「いい」と紹介しているもの、「自分に合っていそう」と思ったものは、どんどん試しましょう。僕は、自分が発声するとやる気が上がることがわかったので、歩きながら好きな歌を歌っていました。川が流れる音や波が寄せる音を流しながら勉強することもありました。

いろいろな方法を試すこと自体が勉強に向かっているので、たとえその方法が合わなかったとしても無駄な努力ではありません。目標達成の道のりの中での小さな失敗は、必ず次につながります。

「使えるものは全部使っていく」という思考でいると、より成果を上げやすくなります。

おすすめの集中法

クラシック音楽を
聴く

シータ波が出される
BGMを聴く

足の裏のツボを
強く押す

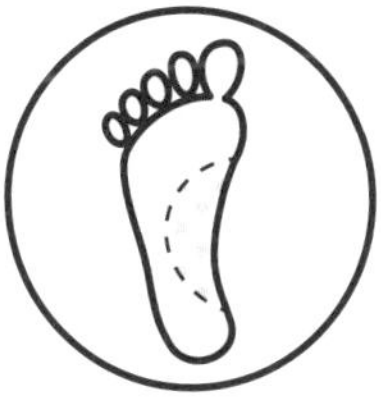

片足立ちで
30秒数えてみる

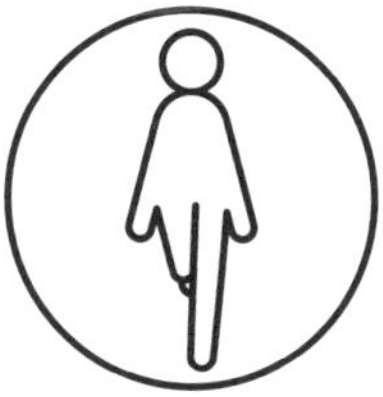

成果を
見える化する

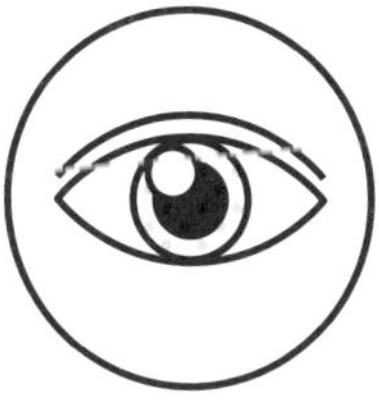

ご褒美を
用意しておく

Chapter 4. ▸▸▸2

学力×方向性×集中度

モチベーションが低くても勉強に向かう方法

#勉強のスタートは簡単なものから

#場所を変えてリフレッシュ

#勉強してるだけでえらい

音声データ

やる気が出るような、解ける問題から解く

モチベーションが低くなってしまう瞬間は誰にでも訪れます。勉強する気が起きないと「なんて自分はダメなんだろう」と自分を責めてしまいがちです。すると、さらにモチベーションが下がり、悪循環に入ります。そこで、やる気のないときに勉強に向かう方法をここで紹介していきます。

一つ目は、**少しでも自分が行動に移せるような「簡単な勉強」から取りかかること**です。モチベーションが低いときは、難しい問題集や参考書に取りかかろうとしても、あまり気乗りしませんし、頭に入ってきません。そういうときは、やさしい問題を解くなど、なるべく「すぐに行動に移しやすい勉強」から始めましょう。

モチベーションが低くても、とりあえず手を動かしているうちに自然と集中していくことができます。そのためには取りかかるハードルをできるだけ低くしておきましょう。

僕は今でもこの集中法を実践していて、朝起きて仕事を始めるときは、まずいちばん簡単な仕事から片づけて、集中力を要する仕事はその後に行っています。

寝起きでは脳が活発にはたらかないので、勉強を始めてもなかなかいいスタートが切れないことも一つの要因です。それを「ああ、集中できずに無駄な時間を過ごしてしまった」

と思うと悪循環に入ってしまいます。なるべく簡単なことから一日をスタートすることは、その日のやる気を上げるために重要です。

そして、簡単なことを済ませたら、自分を肯定する。そうすると、モチベーションが上がった状態で次の勉強に移れます。

やりたいところから始める

モチベーションが低いときに勉強に向かう二つ目の方法は、**「やりたい勉強からやる」こと**です。スポーツでもやりたい練習とやらなければいけない練習があるときは、まずはやりたい練習から始めるといいといわれます。勉強でも、**集中力が下がっているときは「やるべき勉強」より「やりたい勉強」を優先する**ようにしましょう。

自分の中でも得意な単元、好きな科目があると思いますので、好きなものから着手するといいでしょう。僕の場合は、理論を導き出す過程をまとめるのが楽しい物理や、本を読むような感覚で取り組める現代文の二教科はよく午前中にやっていました。逆に、個人的には面白みに欠けていた理論化学の演習や英文法は、午後に回すことが多かったです。僕は国語→物理→数学→英語→化学という順番で着手していました。

人それぞれ好きな科目は違うと思うので、自分なりの順番で勉強を進めていくといいと思います。**好きなものから始めると行動に移しやすいので、自然と集中して結果的に学習も進みます。**やる気が起きないときだけは「自分に甘く」していいのです。

あまり気の乗らない科目も、少しでも楽しくなるような工夫をしてみましょう。例えば、「この問題を何分以内にやり切る」とタイムトライアルにしてみたり、学校の図書館に行ってその科目の参考書を読み物として立ち読みしたりするのもおすすめです。

やる気のないときこそ、「少しでも勉強している自分」を肯定することが、モチベーション維持のためには大切です。

モチベーションが低い理由を書き出し、可視化する

漠然とした不安や焦りがあると、それだけでモチベーションが下がっていくという悪循環に陥ります。そんなときは、**モチベーションが低い理由を具体的に書き出して、書いたものを客観的に見てみましょう。**つまり、抱えている問題を可視化するということです。

そうすると、自分は今こういうことが不安なんだ、これのせいで焦っているんだ、と原因を明らかにできます。また、頭の中を占めていた不安や焦りの原因が頭の外に出される

ので、余計なことを考えることがなくなって頭がすっきりします。この二つの意味で、モチベーションが低い理由を言葉にするのは有効です。

モチベーションが下がる理由はいろいろあると思います。

「睡眠が足りていない」

「この前の定期テストの結果が悪くて、それを引きずっている」

「この1週間、自分の立てた目標を全然達成できなかった」

「思ったより模試の結果がよくなかった」

「志望校の選定で迷っている」

「親が志望校を変えろと言ってきた」

書き出して、客観視するだけでOKです。その不安を無理に解決しようとしなくてもいいのです。可視化するだけでも頭がすっきりして前向きになっているはずです。

課題を見つけるだけで、その7割は解決していると考えるくらいでかまいません。

勉強に飽きないよう、場所を変える

人はずっと同じ場所にい続けると、飽きてきて生産性が落ちます。教室や自習室にずっともり続けると、どんどんやる気がなくなっていきませんか？　特に僕はそういう傾向が強かったので、一つの場所にとどまって勉強することが苦手でした。

一日の中でも、学校で勉強したら次は図書館に行ったり、家にいるときはリビングや自分の部屋などあちこち場所を変えたりすることで集中力を保っていました。

僕は、家では勉強にあまり集中できなかったので、高校時代の休日は次のような感じで勉強する場所を転々としていました。

ある休日の勉強場所

（起床）
10時～13時　図書館
13時～18時　塾の自習室
（帰宅＆夕食）
20時～22時　自室
22時～24時　リビング

他にも、学校やカフェなどをまぜながら、いろいろなバリエーションで勉強しました。

僕自身は、今日と同じ場所のパターンが翌日に続くことはまずありません。そのほうが飽きないのです。場所を変えて新しい気持ちでリフレッシュしていました。

自分の中には「新しいことしかしたくない」という気持ちが根本にあります。毎日毎日同じことしかやってないと思った瞬間に、マンネリ化して成長できていないと思ってしまうのです。もちろん、誰もがそうだとは思いません。しかし、僕のように感じるタイプの人がいたら、どんどん場所を変えることをおすすめします。

やるべきことを口に出す、書き出す

Chapter 3.で書いたように、毎日その日にやることを書き出すといいでしょう。かつ、それを口に出すのもおすすめです。「今日はこれをやって、あれをやって、それをやる」と自分自身に宣言するのです。

受験勉強はどうしてもインプットすることの方が多く、受動的になりがちです。自分の体を使うことが少なくなり、黙々と勉強していると声を出すことさえも少なくなっていきます。そうすると、次第に鬱々《うつうつ》としてきてしまって、集中力も途切れがちになります。

そこでおすすめしたいのが、できるだけ毎日の行動に身体性を持たせることです。じっと机に向かうのではなく、なるべく身体を動かしたほうがよいということです。

やるべきことは毎日書き、それを声に出してみるといいと思います。

できれば、勉強にも身体性を持たせるといいでしょう。**体のどこかを使って、動きながら勉強することで脳もより活性化され、集中しやすくなります。**

例えば、次のような方法があります。

体を使った勉強の例

- 家の中で歩きながら暗記する
- 立って勉強する
- 参考書や教科書はできるだけ音読する
- 覚えたい単語をどんどん紙に書く

僕は、参考書を読んで理解したことを人に語りかけるように言葉にしたり、眠くならないように立ったまま勉強したりしていました。通っていた塾にはカウンターがあったので、そこに本を置いて立ったまま音読したり、問題を解いたりすることもありました。

いろいろなやり方があると思いますので、みなさんも試してみてください。

Chapter 4. ▸▸▸ 3

学力×方向性×集中度

モチベーションが低いなら思いきって休む

攻めの仮眠　# パワーナップ

仮眠は30分以内で

音声データ

カフェインを摂ってから仮眠すべし

昔に比べ、「よい睡眠を取ることで生産性を上げましょう」という考え方が広まってきています。

真面目な人ほど、休むことに対して罪悪感を覚えてしまう場合も多いかと思います。休んでいる間に、他の人と差がついてしまうのでは、と不安になる気持ちもわかります。でも、眠いなら無理をせず、しっかり寝たほうがよいのです。目的のある休養はとても重要です。

目的を達成するために、あらゆる手段を使ったほうがよいと話してきましたが、**学習を進めるために休むことが必要なのであれば、しっかりと休みましょう。**

僕は、ある予備校に通っていたときに「1日12時間勉強しなさい」と言われていたことがあります。自習室で仮眠していると必ず叩き起こされました。他にも席は空いていたのですが、「サボっている」という理由で起こしに来るのです。僕はいつも「眠いまま無理をしても効率が悪いから、一時的に寝ているだけなんです」と言っていました。

仮眠はとても重要です。少し寝るだけでもかなり脳の疲労を回復できます。仮眠にはちょっとしたコツがありますので、お伝えしましょう。

それは、カフェインを摂ってから眠ることです。**カフェインを摂ってから30分以内の睡眠を取ると、脳の疲労を回復しつつ、目覚めもすっきりします。**

ただし、**30分以上寝てしまうと、今度はなかなか起きられなくなります。**だから、脳の疲れを取るためには、「カフェインを摂ってから30分寝る」のがよいのです。

もし、寝つけなくても、目をつぶっているだけでもOKです。視覚情報をシャットアウトするだけでも充分に回復できます。

可能なら耳栓をして、外の音もシャットアウトするとよいでしょう。とにかく脳に入る情報量を減らすことで脳を休ませることができます。

僕はホットアイマスクをして30分眠り、目覚めたときにひんやりする目薬をさしていました。その温度差がとても気持ちよくて、すっきりと目覚められました。

ランチの後に眠くなる人は多いと思います。食べたものを消化するために胃で酸素を使うので、頭に充分な酸素が回らないからです。食後はあまり集中できる状態ではないので、食後こそ仮眠を取ることをおすすめします。

僕は、ランチの後は椅子に座ったまま机につっぷして、上着をかぶって眠っていました。眠り方はそれぞれ好みでよいと思います。

ここまで、集中度を高めるいろいろな方法を紹介してきました。まずはどんどん試してみて、自分に合う方法を見つけてください。

Chapter 4.
まとめ

- ☑ やる気があるときに、
やる気が低くなることを想定して
対策を打っておく。

- ☑ 「ここぞ」というときは、
アスリートもやっている呼吸法で
乗り切ろう。

- ☑ モチベーションが低いときは、
やる気が出る簡単な問題から解く。

- ☑ 集中力が下がっているときは
「やりたい勉強」を大事にする。

- ☑ 眠いときは思いきって寝る。
カフェインを取ってからの仮眠は
絶大な効果あり。

Chapter 5
成果主義者による科目別最短距離の勉強例

Chapter 5. ▸▸▸ 1

科目別勉強法

まずは志望校の過去問を確認しよう

#まずは相手を知る #バイブルは過去問

#自力で傾向を言語化

音声データ

科目ごとの配点・問題形式を赤本でチェックしよう

ここまでで勉強法の基本を理解できたと思います。ここからは「科目別勉強法」についてお話しししていきます。

突然ですが、大学受験のゴールは何かわかりますか？　おそらく「大学に合格すること」と答える人が多いと思いますが、それでは漠然としていて不十分です。

僕が考えるゴールは、「**自分が志望する大学・学部の受験科目で、合格点を取ること**」です。大学に合格することと同じ意味に見えるかもしれませんが、異なる点が二つあります。

一つは、**志望校、つまり、目標が「明確に決まっている」かどうか**です。

受験勉強はよくマラソンにたとえられますが、ゴールが決まっていないマラソンはありませんよね。ゴールがはっきり決まっているからこそ、そこまでの距離や地形などを調べることができ、スタートから効率よく走り抜く戦略を立てることができます。

受験で大切なのは、目標からの逆算です。

そうは言っても、今の自分の実力からは簡単には決められない、偏差値的にまだ自信がないと考える人もいるでしょう。

そんな迷いは捨ててください。

僕がこれからお話しする「**合格するため**」**の勉強法のスタート地点は、志望校を決めること**です。まずは「目標＝行きたい大学」をはっきり決めましょう。

二つ目は「**合格点を取ること**」です。

受験勉強をしていると、あれもこれもと問題集や予備校・塾の講座につい手を伸ばして、全科目で高得点を目指したくなりますが、受験では満点を取る必要ありません。科目によっては１００点満点中50点取れれば合格レベルだということもあります。全科目の合計で合格基準を満たす点数を取ればいいのです。

では、受験勉強は何から始めればいいと思いますか？　ゲームで例えるなら、倒したい相手にどう立ち向かいますか？

まずは相手の能力や弱点をチェックしませんか？

受験勉強でも同じです。**目標である行きたい大学について知ること、調べること**です。志望校が決まったらまずは「**赤本**」を買ってください。

いわゆる赤本とは、各大学の過去の入試問題を集めた教学社の問題集です。受験生にとっては情報の宝庫であり、最短で合格するためには欠かせないバイブルです。

赤本には効果的な使い方があります。順を追って説明しましょう。

赤本攻略法① 傾向と対策を見る

赤本を手に入れたら、**最初に「傾向と対策」のページを見ます**。ここでは、毎年どんなテーマの問題が出題されているのか、科目別、年度別、出題問題ごとにまとめられています。問題自体にはまだ手をつけません。まずは、出題の傾向をしっかりつかみます。

例えば、東京大学の赤本を見ると、数学に関して言えば、確率や整数、図形問題はよく出題されていますが、統計やデータの分析の問題は、過去数年、出題されていません。

このことから、東大を目指す勉強をするなら、統計の勉強をしても出題される可能性が低いので、共通テストで得点できる程度にとどめておいてよいでしょう。それよりも確率や図形問題の勉強に時間を割いたほうが、効率的だとわかります。

また、他の大学と比べるのも有効です。英語に関して早稲田大学や慶應義塾大学の赤本を見ると、英語では長文読解の問題文（英文）が長いことに気づくと思います。東大の英語問題よりも明らかに長い。英語の勉強というと単語力と考える人が多いのですが、早稲田や慶應を目指すなら、語彙を増やすだけでなく、読むスピードを身につけていないと、問題文を読み通すにも苦労しそうです。

こうした分析をするため、**志望する大学の受験科目ごとに、ていねいに見ていく**のです。もちろん共通テストがある人にとっては、受験する教科の全分野を、まんべんなく対策しなければなりません。また、絶対に出題される・されないの保証もありません。しかし、志望する大学があまり出題しない範囲を勉強するのと、頻出分野を調べて重点的に勉強するのとでは、どちらが合格しやすいかは言うまでもないでしょう。

赤本攻略法② 過去問を見る

はじめに「傾向と対策」を見たら、**次に過去問を見ます。まだ問題は解かないでください。**ここでは、問題の形式や設問の方法をよく見ます。

一問一答形式か、選択式か記述式か。選択なら選択肢はいくつあるのか。記述なら文字数はどれくらいか。2行か3行か、50字以内か、100文字以上か、など、かなり細かくチェックしましょう。

この確認は今後の勉強法に関わる重要な項目です。志望校の試験で求められる解答形式に慣れていないと、点数につながりにくいからです。

例えば、東大の赤本で日本史を見ると、「文章を読んでその意味を2行で答えなさい」という問題が多いことがわかります。テーマが与えられて、論述で答える問題です。受験対策として一問一答形式、選択式の勉強ばかりしていては対応できないタイプの問題です。論述の対策を中心にした勉強をしましょう。

僕は、大学の**入試問題は大学側からのメッセージ**だと思っています。この日本史の問題は記述式ですから、その場でテーマを与えられて、自分の頭で考える問題です。つまりその大学は、考える力のある学生を求めていて、入試はそのための選抜だといえるのです。大学が求めている学生になるための勉強ができているか、こまめに努力の方向性を確認しましょう。

赤本攻略法③　受験科目の配点を見る

受験勉強のやり方を考える際にも、赤本がベースとなります。見るべきは、**受験科目の配点**です。東大を例にして考えてみましょう。

東京大学の共通テスト科目の配点の例

【文系（900点満点）】
英語（リスニングは含まず）200点
数学200点
国語200点
社会（世界史B、日本史B、地理B、公民の中から2科目）200点
理科基礎（化学、生物、地学、物理基礎の中から2科目）100点

【理系（900点満点）】
国語200点
社会（世界史、日本史、地理、倫理、政治・経済から1科目）100点
数学200点
理科（物理、化学、生物、地学から2科目）200点
外国語（英語リスニングは含まず、ドイツ語、フランス語、中国語、韓国語から1科目）200点

共通テストの配点は一般的に、文系・理系とも900点満点です。

二次試験は、東大の場合、英語120点、国語120点、数学80点、社会は2科目で120点（各60点ずつ）の計440点です。

東大では共通テストの満点900点は傾斜配点によって圧縮されて110点になるため、共通テストと二次を合わせると得点の比率は1対4となり、圧倒的に二次試験の配点が高くなります。共通テストよりも二次試験の出来のほうが、合否を左右するのです。

（＊共通テストと二次試験の配点比率については各大学で異なりますので、必ず自分で確認してください）


ここまでの数字から、ある東大文類受験生はこう考えていきました。

「共通テストについては、模試などの結果から、普通に勉強していれば900点のうち800点、つまり110点満点でいえば100点は取れるだろう。

では、二次試験をどうするか。赤本には試験の最低点も載っているので、その最低点からこの100点を引くと合格のボーダーラインがだいたい250〜260点とわかる。合格を確実にするためには少し上を狙いたい。そうなると、二次試験で目指すべき点数は、280〜290点となる。この280点を、外国語、国語、数学、社会（2科目）の計

440点で何点ずつ取ればいいのか、計算してみよう……」

今の自分の学力と、受験までの実力の伸び率を判断しながらの綿密な計算です。

でも、ここから先は、もっと考え方が深くなります。数学を例にして、もう一度彼の頭の中をのぞいてみましょう。

「この前の模試の結果から考えると、数学であと30点はプラスしたい。じゃあ数学のどの分野の点数を上げることができるだろうか。

数学の採点を細かく見ると、確率の問題は0点か。ここはまだ本格的に勉強していない範囲だから、伸びしろとしてプラス10点はいけるだろう。自分では整数は苦手と思っていたけど、案外得点が取れていたな。確率と整数、どっちに勉強の重点を置けばいいかなあ」

僕から見ても、これは悩ましい問題です。

苦手なところを克服して点を伸ばすべきと考えがちですが、受験では必ずしも有効とは言い切れません。点数には結びついていなくても、図形問題が何となく好き、といった思いがモチベーションになって継続して向き合う力になることがあるからです。分野ごとの勉強の優先度について、先生に相談するのもいいかもしれませんね。そうすれば、今やるべきことが見えてきます。

合格点に到達するために、何を伸ばすか考える

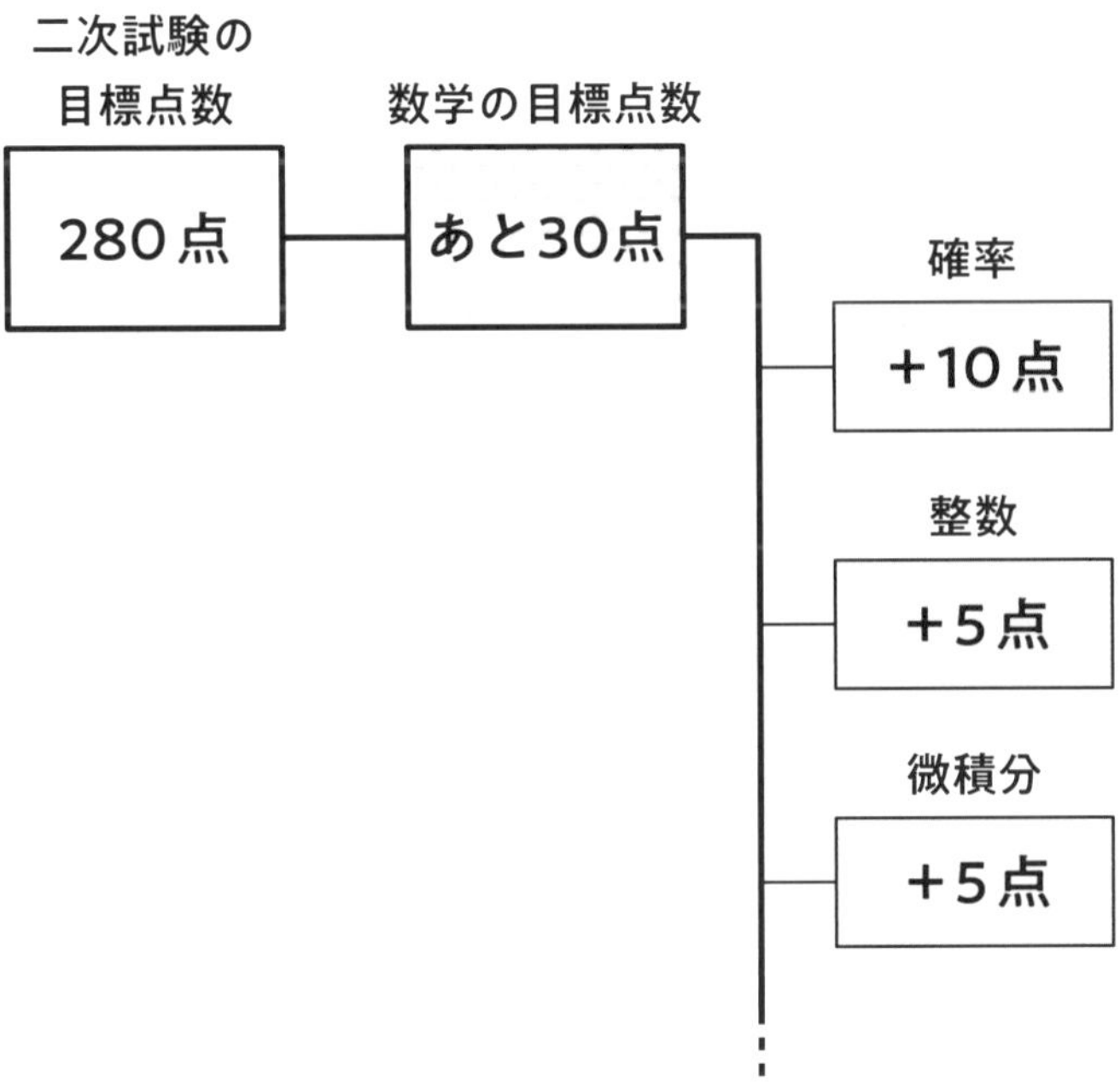

敵を見て、自分を見て、足りないところを見て、いちばん得点が上がりやすいところに集中して効率よく勉強する。これを各科目別に考えて導き出した点数が、これからの勉強で目指すゴールの合格点になるのです。

「こんな簡単な問題あり得ない！」研究不足が招いた不合格

ここまで分析を重視するのには理由があります。僕の、これまであまり人に言えなかった苦い経験がきっかけです。

高校3年生のとき、僕は東大合格を目指して塾に通っていました。先生方の指導には定評があり、過去の東大入試で出された良問を選んで僕たち受験生に教えてくれていました。かなり難しい問題もありましたが、時間配分なども考えたていねいな指導のおかげで、かなり自信を持って受験当日を迎えられました。

ところが、実際に試験で問題に目を通したとき、僕は戸惑いました。設問の中に肩透かしみたいな問題があったのです。教科書の冒頭にあるような基本の問題で、全員が難なく解けるレベルの問題です。東大の問題はすべて凝って作られたものしかない、と思い込んでいた僕は、その問題を前にして「こんなに簡単なことはないだろう」「本当にこれで合っているのだろうか」とかえって混乱してしまい、時間配分を間違えてしまいました。結果、すべての問題を解くことができないまま終了時間を迎える、という痛恨のミスを犯しました。

東大は「きっと」難しい問題が出るに決まっている。

こんな簡単な問題は出る「はず」がない。

誤った思いこみをしてしまったのは、塾に頼りすぎていた結果だと、今ならわかります。**自分で赤本を見て東大の入試問題の傾向をつかみ、過去問をきちんと解いていたら、落ち着いて対応できたと思います**。事実、独学でやり直した東大受験では、過去問を念入りに研究した結果、合格することができました。要は、目標に対する研究不足が、最初の失敗の原因です。

僕に足りなかったのは、自分で分析して考えることでした。恩師の素晴らしい指導に頼りすぎたことですべて受け身になってしまい、自分なりの研究を怠ってしまいました。受験生の平均ではなく、先生の予想でもなく、自分にとってどこが苦手でどうなりたいかを自ら考えるべきなのです。

その後の独学で挑んだ受験では、合格するための戦略を自分で立てました。

僕は理系でしたから、受験したのは国語、数学、物理、化学、英語の5科目です。赤本の科目ごとの平均点、最低点と模試などの結果を合わせ見て、次のように考えました。

「国語は得意なので絶対に点を稼ごう。数学もこのままいけば80点はいける」

悩んだのが理科です。というのも、理科、社会など1教科で2科目受験の場合は、物理で何分、化学で何分と分かれているのではなく、2科目を150分で解くからです。それぞれ75分ずつでもいいですし、100分と50分でもいい。自分の裁量に任されています。

「理科の時間配分をどうするか。物理が得意だから、物理をなるべく60分で解いて、化学は残りの90分をかけてじっくり解こう。うまくいけば、もっと化学に時間を割けるかもしれない」

赤本を見ると各科目の問題数やその問題の分野まで書いてあります。僕は、

「大問題1と3は得意分野なので必ず正解して点数を取ろう。これで二次試験の目標の点数には届くはずだ。大丈夫、大問2は無理して解かなくてもいい。時間が余ったら考えよう。もし、大問2で点が取れたらラッキーだ」

と考えていました。

受験勉強を始める前の実力から見ると、志望校に合格する自分は、はるか彼方にある理想像です。今はまだ遠いので。ギャップを感じてしまうかもしれません。僕が考える受験勉強とは、そのギャップを埋めることです。

合格点を目指して、ここからは各科目についてお話ししていきます。

次からは、科目ごとの「おすすめ問題集」をつけました。おすすめ度の高いものから順に★★★〜★☆☆としています。

志望校の分析　まとめ

- 大学受験のゴールは合格点を取ること。合格点が50点なら、51点を取る勉強を。
- 赤本は志望校の受験戦略を練るために使う。傾向と対策、問題形式、配点は科目ごと、設問ごとにていねいにチェック。過去問については、その後で取り組もう。
- 入試傾向の分析は「自分基準」で行う。他人の傾向はあくまで参考程度に。

Chapter 5. ▸▸▸ 2

科目別勉強法

英語は長文読解が勝負

#音読せよ　#差がつく長文読解

#単語は語源を意識せよ

音声データ

長文読解を攻略する人が、英語を制す

大学入試の英語問題の中で、**配点の比重が最も大きいのは長文読解**でしょう。受験生に話を聞くと、長文読解は難しい、苦手、点数が伸びないと言いますが、その理由は簡単です。長文読解に対する練習量が、絶対的に足りていないのです。

英単語は長文読解の中で覚える

英語の勉強を英単語の暗記から始める人が多いのですが、あまり効率のいい方法ではありません。

なぜ、みんなが単語の暗記ばかりするのかというと、勉強として単純作業で簡単だからです。ただひたすら覚えればいいだけ。やればやっただけ成果が目に見えてわかりやすいし、解けないストレスも感じません。

また、長文読解の問題で点が取れない原因をすべて単語力不足だと思い込んでいる、という理由もあります。長文を読んでも意味がわからないのはきっと単語がわからないからだ、だから「単語を覚えなくちゃ」「語彙を増やさなきゃ」と思うパターンです。

確かに、受験に向けて、ある程度は単語を覚えなければいけないのは事実です。でも、単語だけをひたすら覚えようとしても、**どれが実際の試験に出るのか、すべて覚える必要があるのか確信がないので、記憶の定着はよくありません。**例文もありますが、都合よくそのまま試験に出てくることはないでしょう。それにわからない単語はこれから先もまだまだ出てきて切りがありません。

単語を覚えたい、でも長文読解の苦手意識も解消したい。そんなときは、**英単語は、長文読解の勉強をしながら問題の中で覚える**方法がベストです。

「**長文読解の問題文を読む→知らない単語が出てきたら意味を調べる→自作の単語帳に書く→問題を解く**」、この繰り返しです。

はじめのうちは、知らない単語ばかりで辞書を引く回数が多く、面倒に感じるでしょう。しかし、この方法のいいところは、問題文の中で実際に自分が出合った単語なので実感があることです。実感を伴った記憶は定着しやすいので、別の問題で出合ったときに「わかった」という成果を感じることができ、生きた単語力になります。

もちろん、市販の単語帳のほうが網羅されています。でも、実際に自分が出合った単語をまとめた自作の単語帳のほうが記憶の定着はいいはずです。

市販の単語帳は、確認作業のために最後に使うといいでしょう。また、語源について学べる単語帳に関しては、早い段階でその部分だけでも目を通しておくと、その後の単語の学習にとても効果的なのでおすすめです。

英語の勉強には欠かせない「音読」

長文読解のため、そして単語力アップのために僕が取り入れた方法を紹介します。それは「**音読**」です。英文を声に出して読んでいきます。続けていると確実に、そして飛躍的に英語力はアップします。

ちょっとやってみましょう。次の文章を声に出して読んでみてください。

Most of us have a favorite smell which is pleasing to our noses. It may be flowers, fresh coffee, a new car or cooking. There are some people whose jobs depend on the power of their noses.

当たり前ですが、頭から順に読んでいきましたよね。この順番、流れが、僕が音読をすすめる理由です。

英語では日本語と語順が違って、基本的に目的語動詞が前にきます。長い文章だと日本語にはない関係代名詞が入ってきます。声を出さずに読んでいると、文章の意味を取ろうとしてつい何度も「返り読み」をしがちですが、実際の試験ではそんな悠長な時間はありません。

長文読解のポイントは「返り読みしない」こと

長文問題は時間との勝負です。**少しでも早く内容を理解して答えを導くには、絶対に後ろから前に戻って読んではいけない**のです。日本語も英語もどの国の言語も、前から後ろに流れていく性質がありますから、そのセオリーに則《のっと》って文章を読んでいかないと、試験時間内ですべての問題を解くには間に合いません。**常に頭から読んで、内容を正しく理解する**という言語感覚を身につけるには、音読が最適なのです。

音読のメリットはまだあります。先ほどの文章を、もう一度声に出して読んでみてください。読みながら、意味のかたまりで区切っていませんでしたか。**声に出して読んでいると、文章の中で強調したいところが自然にわかる**ようになります。

可能であれば、お手本のある音読、つまり音声教材のある問題集を使うと効果がさらに上がります。ネイティブの発音がついた教材で、同じスピード、同じ抑揚《よくよう》（強調）を心がけましょう。

英語の問題集は、一度解いただけでは有効活用できていません。まずは長文読解の勉強として問題文を普通に解く。読みながら自作の単語帳を作る。音声があればリスニングを何度も繰り返して意味を正しくつかむ。ここまでが1回目です。2回目からは問題を解くよりも、音読の教材として使います。この時点で問題集は参考書に変わります。

問題集ではありませんが、僕はCDつきの『速読英単語　必修編』（Z会出版）を利用しました。この本は単語帳というより、長文の題材と音声がついた絶好の音読教材です。音読は、20〜50回は繰り返します。

『速読英単語　必修編』には70本くらいの文章がありますが、僕はインプットのために各20回は音読しました。全部で１４００回。それでも多いとは思いません。毎日少しずつやれば、いつの間にかこれくらいにはなります。そして音読よりも早く、黙読できるようになったら完璧です。僕は受験間近の時期になってようやくクリアできました。

音読は当事者意識を持って

音読のコツは、目の前に英語を話す人がいて、その人がわかるようにお芝居をしているつもりで感情を込めて話すといいです。恥ずかしいかもしれませんが、抑揚をつけたり、感情を込めたり、考えたりしながら話すのは、英文の意味のまとまりを理解していないとできません。**読みながら考えて声に出すのは、長文読解のとてもよい訓練になります。**続けていると、リズムを取りながら読めるようになるので楽しいですし、声を出すので眠気覚ましにもなり、朝の勉強のウォーミングアップにもなります。

例えば、次の文章はどのように音読したらいいでしょうか。

These factors can lead to pets getting too fat and falling ill. To prevent this, a lot of younger owners are starting to use online campanies and shops which produce fresh, organic, made-to-order pet food to match the age, weight, breed and body condition of animals.

この文章は「ペットが肥満になったり病気になったりするのを防ぐために、多くの若い飼い主たちがオンラインでペットの健康を気遣ったペットフードを使い始めている」という内容です。これを音読してみましょう。

「These～」の1文目は「ペットが肥満や病気になってしまうのは問題だなぁ」と思いながら、fat や ill を強調して読みます。

「To prevent this, ～」の2文目は、「でも解決策があるのか、良かった！　じゃあ一体、どんな解決策なんだろう？」と思いながら、prevent を強めに読みます。

このように、文章を読みながら自分の感想を思い浮かべたり、内容に疑問を持ったりすると、当事者意識を持てるので内容が頭に入ってきます。このような練習を積むことで、英文を頭から理解できるようになり、英語の感覚を掴めるようになってきます。

長文読解

おすすめの問題集

★★★『速読英単語　必修編』（Z会出版）

★☆☆『灘高キムタツの国立大学英語リーディング超難関大学編』（アルク）

★☆☆『灘高キムタツの東大英語リーディング』（アルク）

英語 長文読解 まとめ

- ✓ 英語の基本はすべて長文読解の中にある。英単語も文法も解きながら覚えよう。
- ✓ 読解のポイントは返り読みしないこと。
- ✓ ドラマの主人公になったつもりで、音読を繰り返そう。

リスニングは、聞き取るために「声に出す」「まね」をする

リスニング力を鍛えるには、「**シャドーイング**」が有効です。

シャドーイングとは、流れてくる音声を聞きながら、すぐに同じ英文を声に出して復唱していく方法です。英文をシャドー（影）になって追いかけて、ワンフレーズずつ輪唱していく感じです。**テキストは見ないで、耳で聞いた英文だけを真似して発声していきます。**

なぜ、リスニング（聞く）の訓練なのにシャドーイング（話す）がいいのかというと、**人**

は自分が発音できない単語は聞いても「理解できない」「聞き取れない」ため、声に出すことで不明点を洗い出せるからです。

何となく見たことがあって覚えている単語でも、聞くだけでは何の単語かわからないことはよくあります。また、前後の関係によって発音が変わったり、ほぼ発音されなかったり、思ったよりもいろいろなパターンがあります。どんな発音で、どんなイントネーション・アクセントで、どう発音されているのか、きちんと耳で理解するために声を出す。それがシャドーイングなのです。

音読は「聞いてから」、シャドーイングは「聞きながら」

シャドーイングの練習には、長文読解の勉強で利用した、ＣＤなど音声教材つきの問題集を使います。僕は『速読英単語　必修編』をそのまま利用しました。

シャドーイングと音読って同じようなものじゃないか、と思われるかもしれませんね。

ポイントは、**声に出して発音するのが、英文を「聞いてから」なのか「聞きながら」なのかの違い**です。

音読の場合は、はじめのうちは、１文を聞いたら一度音声を止めて、テキストを見ながら同じことを自分なりに話す。次の1文を聞いて、止めて声に出す。この繰り返しです。慣れてきたら2～3文聞いて、止めて話すができるようになります。

シャドーイングは、**音声教材で聞いたものをすぐ、そのまま真似をして発音します。**少し遅れてついていく感じです。

シャドーイングは英語の勉強法としてとても優れていて、リスニングだけでなくスピーキングの練習にも役立つので、検定試験の受験勉強に取り入れている人も多くいます。もし余力があるなら、チャレンジしてみてください。

おすすめの問題集　リスニング

★★★『速読英単語　必修編（CD）』（Z会出版）

英語 リスニング まとめ

- ✓ 自分で発音・発声できない音は聞こえない。
- ✓ 英文を聞きながら発生するシャドーイングをマスターしよう。

英単語力アップには、秘密のカギを仕込んでおく

長文読解の勉強をしていく中で、『速読英単語 必修編』に出てくる単語については、音読やシャドーイングをしながら自然に覚えていくと思います。その一方で、模試などの問題文や学校からプリントでもらう宿題、音声教材のない参考書などで出てくる知らない単語も無視できません。そうした**初出の単語も、自作の単語帳にまとめておきましょう**。

「初めて出合う」という意味では市販の単語帳と同じですが、問題文の中にある単語は一度、問題の中で実際に出合っている点がポイントです。一度解いた実感があるので、後で

見直したときに記憶に残りやすいのですね。ただ、教材ごとにバラバラのままでは使いにくく覚えにくいので、まとめておくわけです。

自作の単語帳といっても形式は自由です。ノートまたはカードにまとめておいても便利でしょう。僕はA4のコピー紙を半分に折ったものに、書き込んでいました。問題を解くごとに、その紙が増えていきました。

単語の覚え方① 語源や接頭辞・接尾辞を調べる

単語帳には英単語と意味を書くだけでも充分ですが、欲を言えば、**語源から覚えるのがおすすめ**です。語源を理解していると、知らない単語に出合ったときに、どんな意味なのか推測ができるようになるからです。

『鉄緑会東大英単語熟語　鉄壁』（KADOKAWA）、『部品で覚える入試重要2300語つむぐ英単語』（河合出版）、『英単語の語源図鑑』（かんき出版）など、語源に関する本はいくつかあるので、一度目を通しておいてもいいでしょう。イラストを見ているだけでも面白く、記憶に残ります。

また、英単語はパーツごとに分けることができます。

例えば、「respect」という単語は、分解すると、「re」＋「spect」となります。「見る」という意味の語源「spect」に、「re」＝「何度も、後ろへ、再びなど」という接頭辞があることから、「何度も見るくらい気にかかる」から「尊敬する」だと類推できます。

同じように、「inspect」は、「in」が「中へ」の意味で、中を何度も見るから「検査する」。

「prospect」は「pro」＝「前に、先に」を見ているから「見通す」など。

「specialist」は、spect「見る」に、al「性質」＋ist「人」と接尾辞が二つもついていて、専門家という意味になります。

例外もあるので、すべてがこの通りではありませんが、**接頭辞・接尾辞を手がかりに意味を推測する**ことはできます。

次ページに例を挙げておきますので参考にしてください。

単語の覚え方② イメージで覚える

ある単語がどのように使われるかをイメージで理解すれば、複数の日本語訳をもつ単語も覚えやすくなります。

接頭語・接尾語の例

接頭語

接頭語	接頭語の意味	単語の例	分解	単語の意味
re-	再び	reform	re(再び)+form(形作る)	改善する
		reproduce	re(再び)+pro(前に)+duce(導く)	再現する
in-	中に	insist	in(中に)+sist(立つ)	主張する
		instruct	in(中に)+struct(築く)	指導する
ex-	外に	export	ex(外に)+port(運ぶ)	輸出する
		express	ex(外に)+press(押す)	表現する
com-	共に	compress	com(共に)+press(押す)	圧縮する
		complete	com(共に)+plete(満たす)	完了する
pre-	前の	pretend	pre(前の)+tend(張る)	ふりをする
		preview	pre(前の)+view(見る)	試写
post-	後の	postpone	post(後ろに)+pone(置く)	延期する
		postwar	post(後ろの)+war(戦争)	戦後
sub-	下に	submit	sub(下に)+mit(送る)	提出する
		subscribe	sub(下に)+scribe(書く)	署名する
inter-	相互間の	international	inter(相互間の)+national(国)	国際の
		interactive	inter(相互間の)+active(活発な)	相互作用の

接尾語

接尾語	接尾語の意味	単語の例	分解	単語の意味
-able -ible	できる	capable	cap(掴む)+able(できる)	能力がある
		credible	cred(信じる)+ible(できる)	信じられる
-ful	満ちた	helpful	help(助け)+ful(満ちた)	役立つ
		dreadful	dread(恐怖)+ful(満ちた)	恐ろしい
-less	ない	restless	rest(休み)+less(ない)	落ち着きがない
		priceless	price(値段)+less(ない)	値踏みのできない

例えば、「take」。試しに手元の英和辞典を引いてみたところ、37種類の訳語がありました。丸ごと覚えるのは大変そうですが、take のイメージをビジュアル化してみると、文章の中での意味もわかるようになります。

あれほどたくさんの訳語をもつ take も、イメージ的には、「手に取る」「受け取る」「持っていく」「選ぶ」などとなります。これらのイメージを先につかんでから、枝葉の意味を覚えるといいでしょう。

『ランク順英単語2300』（学研）だとイラストが多く、アプリにも対応しているので通学時間など短時間での勉強にも便利です。

おすすめの問題集　英単語

★★★『鉄緑会東大英単語熟語　鉄壁』（KADOKAWA）

★★☆『つむぐ英単語―部品で覚える入試重要2300語』（河合出版）

★★☆『英単語の語源図鑑』（かんき出版）

★☆☆『ランク順英単語2300』（学研プラス）

英単語 まとめ

- ☑ 問題文中で初めて出合った単語は、自作の単語帳にまとめよう。
- ☑ 単語は小さく分解して、「語源」「接頭辞・接尾辞」から意味を類推。イメージからも覚えよう。

英文法は「解く」ではなく「覚える」

英文法については、中学3年間の勉強で一通りの文法は終わっているはずです。大学受験だからといってあまり難しく考える必要はありません。とはいえ、数問は文法がわからないと解けないものがある恐れがあり、要注意です。

基本的には『ネクステージ』（桐原書店）など問題集を一冊決めて、それをまず1周りましょう。だいたい2000〜3000問くらいの問題が載っている問題集がいいと思います。学校で使っている問題集があればそれで充分です。

そして、2周目以降は間違えたところを中心に見直していきます。例えば、2周目では1周目で間違えた問題だけを見直し、3周目では2周しても間違えた問題だけを書き出してまとめるといった感じです。

ポイントは、**英文法の問題は「解く」よりも「覚える」でいいこと**です。わからなかったらすぐに答えを見てしまいましょう。知らないこと、覚えていないことは解きようがありません。

特に、「問題を見る→解いてみる→わからない→考える……」のは時間がもったいないですね。英文法における効率的な流れは、「**問題を見る→解いてみる→わからない→答えを見る→覚える→次の問題**」と、考えるのではなく覚えることに時間を使いましょう。

英文法の穴は、問題を解けばすぐに見つかる

英文法の問題集を解くのは、**自分の穴、つまり弱点を見つける作業**です。

例えば、「比較対象に前置詞 than を用いる表現」については中学生で習っています。

The pen is mightier than the sword.（ペンは剣よりも強し。）

このように普通は than を使います。しかし、「inferior to ～（～より劣る）」や「senior to ～（～より年上である）」という場合には to を使います。「-or」で終わるラテン系の単語は、比較する相手を than ではなく to でつなぐという決まりがあるからです。

他にも比較級については法則があります。すぐに思い浮かべることができるでしょうか。このように理解はしているつもりでも、まだ埋まってない穴はたくさんあります。その穴を見つけて埋める作業が文法問題集を解いて覚えることなのです。

入試の配点によって、勉強時間の比重を考えよう

文法問題には、長文読解などを読むために必要な知識を問う文法問題と、入学者選抜のための文法問題の二つがあります。大学にもよりますが、重箱の隅をつつくような、かなりニッチな文法問題が出ることもあります。志望校の過去問を見て、文法問題が出そうなら、もう一つ上のレベルの問題集に挑戦してください。文法は知らないと解けないので、知識として入れておく必要があります。

おすすめは『全解説実力判定英文法ファイナル問題集　標準編』『全解説実力判定英文法ファイナル問題集　難関大学編』です。標準編でも問題数が多いので、かなり鍛えられると思います。

ちなみに、僕が受験した東大や慶應は、長文読解の比重のほうが高く、細かい文法問題はあまり出ないので、深掘りはしませんでした。

英文法の勉強は一問一答式に問題を解いて覚えるだけなので、気分が乗ってくるとどんどん進みます。3周目くらいになると、問題を途中までしか見なくても、答えがわかるようになるでしょう。でも、**重要なのは、志望校の合格点に近づいているかどうか**です。長文読解の比重が大きい大学を志望する場合は、あまり文法に時間をかけ過ぎないように、時間配分を考えてバランスよく取り組みましょう。

おすすめの問題集　**英文法**

★★★『ネクステージ英文法・語法問題』（桐原書店）
★★☆『全解説実力判定英文法ファイナル問題集　標準編』（桐原書店）
★☆☆『全解説実力判定英文法ファイナル問題集　難関大学編』（桐原書店）

英文法　まとめ

- ☑ 英文法は暗記で乗り切る。
- ☑ 勉強時間を取りすぎないこと。英語の基本、長文読解に時間を確保しよう。

英文和訳では日本語の表現に凝りすぎない

英文和訳には次のような2段階があります。

① 英語で書かれた文章をきちんと理解する
② 日本語にアウトプットする

①については長文読解と同じですね。

和訳問題の真の目的は、英語で書かれた文章を正しく理解できているか、精読できているかを見ることです。②で答えを書くときに、美しい表現を使う必要はありません。表現は少しぎこちなくても、一語一句をきちんとした日本語に変えていく逐語訳ができれば多くの大学では充分です。要するに、長文読解の練習をしっかりやっていれば、それほど不安になることはありません。

変に凝った文章を書くよりも、英文の意味を精読して理解し、普段使っている日本語で表現するのが無難です。ただし、大学によって出題傾向がかなり異なり、意訳が求められる場合もあるので、過去問はしっかりチェックしておきましょう。

苦手の原因はしっかりとつぶす

和訳が苦手な人は、結局、文章の意味がきちんと理解できていないのが原因です。「単語がわからない」「文法がわからない」「イディオムがわからない」「文中にあるitやthatが何を指すのかがわからない」心当たりはないでしょうか。

「自分は何がわからないのか」がはっきりすれば、和訳の力は伸びてきます。『ポレポレ英文読解プロセス50―代々木ゼミ方式』(代々木ライブラリー)や『基礎英文解釈の技術100』(桐原書店)などいい参考書があるので、一冊を決めてきちんと着実に理解し、和訳問題は得点源にしていきましょう。

おすすめの問題集　英文和訳

★★☆『ポレポレ英文読解プロセス50―代々木ゼミ方式』(代々木ライブラリー)

★★☆『基礎英文解釈の技術100』(桐原書店)

英文和訳 まとめ

- 志望校の出題傾向に沿った勉強をしよう。
- 「わからない」の元をつぶしておこう。単語・文法・指示語のどれなのか？

英作文を制したいなら、オリジナルの「型」を持とう

英作文は各大学で傾向にいちばん違いが出る問題です。問題が「自分の考えを主張せよ」なのか「この文章の意味を英訳せよ」だけでも答案の書き方は変わります。

英作文の勉強が難しいのは、正解が1パターンではないことです。しかもその答えが本当に合っているのか自分一人では確認しづらいことです。

出口がわからない迷路に入るには、地図やコンパスなどの装備が必要です。英作文の場合、その装備は**英文の書き方に欠かせない「型」を身につける**ことです。

英作文の参考書は数多くありますから、自分に合ったものを選んで、英文を構成する型・パターンを覚えてしまいましょう。僕は『ドラゴン・イングリッシュ基本英文１００』（講談社）という英作文の構文集を使いました。基本的な構文が網羅されていますし、リスニング用のＣＤもついているので覚えやすいと思います。

英作文の試験で**絶対にしてはいけないのは、その場で新しい表現を考えること**です。これまで使ったことがない、よく知らない表現に挑戦してもまず成功しません。

ただし、志望校の出題傾向が自由英作文などの場合は別の勉強法を考えた方がいいかもしれません。僕が受験した東大がまさにそうでした。

多くの英作文問題に対応できる、テッパンの「型」がこれだ！

東大の英作文（当時は自由英作文）の試験では、

「ある主張に対してこういう考えはどう思うか、賛成か、反対か。60語程度で述べよ」

という問題が毎年出ていました。

それで僕は次のような「型」を考えて何度も練習し、より洗練されたものに進化させていきました。

I agree/disagree with this idea because of the following two reasons.
First, ～.
Second, ～.
In conclusion, ～.

僕は賛否を問う自由英作文の問題にはこの型を使い回していました。文字数が足りない場合は、三つ目の理由として Third, ～. をつけ加えたり、For example, ～. で論の補強を行ったりしていました。引き出しとしてはこれだけ覚えておけば、大抵の英作文の語数指定にはその場で対応できると思います。

あるテーマに対する賛否ではなく受験生の自由な主張が問われている場合は、第一文の前半を、I think that A should B because of the following two reasons. にすればよいだけです。

自由英作文は、パターン化して毎回同じ型で書けば大外れはしない設問です。

解答ができたら、塾や学校の先生にも見てもらってブラッシュアップを重ねました。内容は大学によって異なると思いますが、一つか二つ、**自分が最も得意とする型を準備して練習しておくと本番でも焦りません**。試験のときにゼロから考えるプレッシャーも減るので、減点されにくい解答を書くことができると思います。

問題文の日本語を別の言葉で言い換えてから、英語にする

英作文の問題では、**問題の日本語をブレークダウンさせて訳す方法もあります。**

例えば、「彼は自分のことを犬だと思い込んでいる」という文章を英訳する場合、「誤解する」「思い込む」という意味の misunderstanding を知っていないと書けないわけではありません。単純に、believe や think を使って表現することもできます。

英訳とは、日本語で書かれた問題文の意図をくみ取り、自分が知っている単語を使って英語表現できるかを問う問題でもあります。

単語の数も英訳の技術も、上を見れば切りがありません。でも、この方法ならどんな難解な英作文でも、単純化して訳すことができます。問いの日本語を英訳しやすいレベルにまで分解したり、意味はそのままに別の表現に言い換えたりすればいいのです。そのためには、英作文の練習をする一方で、問題文の日本語をいかにブレークダウンできるかという視点も日頃から意識するといいと思います。

ここまでのやり方で英作文の書き方は身につくと思いますが、**書いた文章の検証は一人では難しい**でしょう。志望校の英作文の比重が大きいようなら、学校や塾の先生などにき

ちんと見てもらいましょう。

周囲に相談できる人がいないなら、通信教材を利用したり、スマホの添削サービスなどを利用したりすれば、安い費用で効率のいい勉強ができるようになります。せっかく書いた文章が文法上間違いだらけでは役に立ちません。最後の一手間を惜しまないでください。

おすすめの問題集 英作文

★★★『ドラゴン・イングリッシュ基本英文１００』（講談社）

英作文 まとめ

- ✓ どんな問題にも対応できる、テッパンの型を持とう。
- ✓ 問題文を「自分が英訳できる日本語」に置き換える訓練をしよう。

Chapter 5. ▸▸▸ 3

科目別勉強法

数学はゲームだ！解法パターンの習得と仮説思考で勝利を引き寄せる

#解法パターンの手札を揃えよ

#問題をブレークダウンする

#どのカードを、いつ切るか

音声データ

攻略のカギは「解法パターン」のインプットと使う「タイミング」にあり

大学入試の数学はゲームのようなものです。苦手意識を持つ人も多いのですが、それは戦い方を知らないからです。数学の問題を解くための攻略法はちゃんとあります。

数学の攻略法

①問題の内容を正しく解釈する
②問題を解くのに最適な「解法パターン」を考える
③解法を問題に当てはめて計算する

この中で、**重要なのが「解法パターン」**です。
①②を飛ばして、問題を読みながらどう解こうか必死に考えて、やみくもに計算を始めるAさんと、「こういう設定なら自分が知っている解法の中であれがいいんじゃないか」

「いや、あの解法パターンのほうが使えるかも」と次々に解き方が浮かんでくるBさんがいたら、正答率が高いのは断然Bさんでしょう。Bさんは解法パターンを多く持っているので、落ち着いて問題に向き合い、自分の持っている手札（＝解法パターン）の中で、今はどのカードを切るべきか比較検討できます。

入試数学では、その**解法パターンを漏れなく身につけることが必要**です。このとき、**その解法をいつ使うか、解法の効果を最大限に生かす「タイミング」も合わせて覚えます**。というのも、実際の試験では問題が複雑になるので、その解法をどのように使えばいいか見極めが難しくなるからです。解法なら教科書にある公式を全部覚えればいいと考えるかもしれません。しかし、どのようにその公式が導き出されたのか、どのようにその解法が運用できるのか、正しく理解していないと、解法や数式としては知っていても、実戦では使いこなせません。

要するに、**公式の丸暗記だけでは試験で役に立たない**。実戦では、きちんと理解して血肉になった解法パターンの数が勝敗の鍵を握るのです。

問題集は解法パターンの宝庫

問題集を選ぶなら、『1対1対応の演習』シリーズ（東京出版）のように、「このパターンだったらここがポイント」など、詳しく解説されているものを選びます。

最初のうちはさっぱりわからないと思います。でも、まったく問題ありません。先ほど、丸暗記はダメ、と言いましたが、初めて学ぶ場合は、すぐに答えを見て、**解法を覚えましょう。解法パターンがインプットされていない状態では、わからない問題はいくら考えてもわかりません**。考えるだけ時間がもったいないです。

参考書や問題集がボロボロになるまで読み込んで、問題を数行見るだけで解法が浮かんでくるくらいまで何度でも見直しましょう。

問題の中に曖昧な部分が出てきたら、教科書に戻って復習します。

教科書では公式の説明の後に、簡単な練習問題で知識を定着させる構成になっているものが多いので、基本の確認には最適なのです。

インプット中でも「わからない」は放置しない

解法パターンをインプットしてもうまく問題が解けない場合もあります。実は僕自身、ベクトルが大の苦手で困っていました。仕方なくベクトルに関する参考書を何冊か読んでみましたが、余計に混乱してしまいました。

もっとベクトルのイメージをつかみたいと思い、手に取ったのが、志田晶《しだあきら》先生の数学シリーズ『志田晶のベクトルが面白いほどわかる本』（KADOKAWA）でした。大学入試用の問題集ですが、レベルとしては高校1年生向けの言葉で説明してあります。これが正解で、イラストが多いのでイメージしやすく、自然と頭に入ってくる感じでどんどんベクトルがわかるようになりました。それに、この本が素晴らしいのは、簡単なのにきちんと公式の導出をやっていることです。

あまりにも難しくてわからないと思ったら、問題集のレベルをぐっと下げて、完全に自分がわかるまでやり直す勇気をもちましょう。

基本問題を間違えないようになってから、『プラチカ』『大学への数学　新数学スタンダード演習』『標準問題精講』シリーズなどのレベルの高い問題集に進みましょう。

仮説があれば立ち返ることができる

理屈のうえでは、**大学入試の数学は適切な解法パターンに当てはめて計算できれば解くことができます**。しかし、難関大学では、簡単には解法を当てはめられないような問題が多く出題されます。例えば、定義に立ち返ってそもそも公式を導出させる問題だったり、限られた時間の中でミスなく解くために最適な解法を選ばないと完答まで到達できない問題だったりします。ただ当てはめればすべて解けるというほど甘くありません。

どんな解法で解けばいいかわからないとき、僕はまず、**解法の方針を立ててから解くようにしています。どういう手順で解いていくのか、仮説を立てる**のです。

この解法パターンとあの解法パターンを組み合わせていこうという仮説があれば、途中で「こんな式が出てきたけど、これを解くのは重たいぞ…」と迷っても、仮説まで戻って方針を変えることができます。うまくいかなくて悩んだときも、仮説があればどの部分がまずかったのか戻って判断ができます。

仮説は解き方の方向性を示す目印であり、間違ったときの損失を最小にとどめるためのもの。ゲームで言うセーブポイントなのです。

一度は公式の導出にトライしよう

解法パターンを覚えていくと、数学の問題に手応えを感じるようになってくると思います。このままでも充分成績アップは狙えます。でも、**もっと応用力を身につけたい、自信につなげたいなら、一度でいいので公式の導出を自分でやってみてください。**

「三角関数は、どうやって導出するんだっけ?」

「加法定理って、なんであんな式になってるんだっけ?」

など、テーマは何でもいいです。教科書に書いてあることをなぞるだけでも、自分で手を動かして導き出してください。

公式の導出をきちんと経験しておくと、その内容はエピソード記憶として定着しやすくなります。仮に公式を忘れたとしても、その場で導くこともできます。公式の導出や定義に立ち返ることをテーマにした問題もよく出題されるので、導出を使った解法自体もパターンとしてインプットしておくことが理想です。この基本の理解をさらに深める勉強の意義は、最初は実感が湧きにくいかもしれません。しかし、いろいろな問題を一通り演習した後に、立ち返って基本を深く学び直すと、自分なりの新たな発見を得られるでしょう。

おすすめの問題集 数学

★★★『1対1対応の演習』（東京出版）

★★★『志田晶の ベクトルが面白いほどわかる本』（KADOKAWA）

★★★『理系数学の良問プラチカ 数学Ⅰ・A・Ⅱ・B』（河合出版）

★★★『文系数学の良問プラチカ 数学Ⅰ・A・Ⅱ・B』（河合出版）

★★★『理系数学の良問プラチカ 数学Ⅲ』（河合出版）

★★★『大学への数学 新数学スタンダード演習』（東京出版）

★★★『標準問題精講』シリーズ（旺文社）

数学 まとめ

- ✓ 数学は解かない。問題集をまるごと一冊、暗記しよう。
- ✓ 模試に手応えを感じるようになったら、一度公式の導出をやってみよう。

Chapter 5. ▸▸▸ 4

科目別勉強法

現代文は「論理」古文・漢文は「外国語」のつもりで

現代文は、文章の論理構造を意識せよ

マドンナ古文はいいぞ

漢文は100時間で完成させる

音声データ

現代文で読むべきは文字ではなく論理構造

受験勉強を始めた頃、僕は現代文のセンター試験の問題がすごく苦手でした。東大の二次試験は解けても、なぜかセンター試験の模試は伸びませんでした。

これはまずいと思って、現代文の解法が載っている参考書などを片っ端から読んでいくうちに、問題を解くための共通項を見つけました。

それは、問題文をただ読むのではなく、次を意識することです。

現代文の問題文の読み方

- 文と文の関係性、段落と段落の関係性を考える
- 論理構造を読み解く

このことに気づいたとき、なんだ、そういうことかと僕は納得しました。**現代文は、数学と同じく「論理構造を読み解く科目」**であり、その文章が何を言っているのか、論理を正しく「理解」しないといけないのです。苦手なはずの科目が、実は僕の得意な数学的思考で解けることに気づきました。

では、論理的に読むためには、どうしたらいいのでしょうか。文章に目印をつけることで、わかりやすくなります。ポイントは二つあります。

① 接続詞に注目する

接続詞に注目しながら読んでいくと、論理の流れがわかりやすくなります。英語の長文読解の読み方と同じですね。

特に、次の接続詞の後の文章は論旨のキーとなることが多いので要チェックです。

※注目すべき接続詞

（逆接）しかし・だが・でも
（換言）つまり・要するに・すなわち
（順接）したがって・ゆえに・だから
（要点）それには・そのためには
（並列）また・および・ならびに

問題文を見ると、どの文も単語も重要な気がしますが、読み方のメリハリは必要です。「例えば」や「具体的に」の後の文は流し読みでいいですし、何度も出てくる固有名詞などは、ここにあるな、くらいの意識で飛ばしても問題ありません。**一字一句を読むのではなく、論理を読むのが現代文です。読む意識にメリハリをつけましょう。**

②「大事なところ」に線を引く

問題の文章を読むときに、「ここは大事そうだ」と思ったところには線を引いておきましょう。理由は、文章全体の論理構造をパッと読み返したときに、どこで何が言われているのか確認できますし、設問で聞かれていることを後で探すときも該当箇所に当たりをつけてチェックしやすいからです。

　では、何が「大事なところ」であり、どのように「大事なところ」を判断して線を引けばよいのでしょうか？「大事なところ」とは、**筆者の言いたいことが簡潔にまとまっている箇所**です。大事なところの判断の方法は、先に述べたことに関連しますが、接続詞に注目すると浮かび上がってきます。

重要な論理構造4パターン

①逆接：Aである。しかし、Bである。（A vs B）
②換言：Aである。つまり、Bである。（A⇔B）
③順接：Aである。したがって、Bである。（A→B）
④因果：Aである。なぜなら、Bだからである。（A←B）

現代文の点数を上げるためには、まずこの4パターンの論理構造を身につけることが重要です。ＡとＢにつけた記号は数学で扱う論理記号としては厳密ではありませんが、あくまでイメージだと思ってください。

僕は文章を読むときには、国語でも英語でもプログラミング言語でも、すべてこのような論理関係の記号が頭に浮かびます。数学的な思考で文章を読んでいるのです。

この文章同士の論理構造が見える箇所、これが「大事なところ」です。なぜなら、**論理構造をたどっていけば、設問で聞かれている箇所を見つけやすいから**です。

というのも、現代文の設問で多いのは「○○とはどういうことか」という言い換えさせる問題や、「○○なのはなぜか」という因果関係を答えさせる問題です。設問の傍線部の近くの文章同士の論理関係を明らかにしていけば、自ずと答えるべき箇所にたどり着くというわけです。

記述問題の場合は、答案としてまとめていきます。次の2点に気をつけてまとめればいいでしょう。

・該当箇所をきちんと拾えているか
・文章として整っているか

「要約」で文章のパターンを理解する

東大文系に合格した友人は、**現代文の勉強としてひたすら要約をやっていた**そうです。要約は作業としては「書く」ですが、実際は課題文をどう読むか、が問われます。その文章をきちんと読めていないと短くまとめることができないからです。

大学の受験問題では、評論の出題率が高いので、評論のパターンを知る、読み方の型を知る意味でも、要約はとても良い練習だと思います。

おすすめの問題集　現代文

★★★ 志望大学の過去問

国語 現代文 まとめ

- 接続詞に注目しながら、論理的に読み解く習慣をつけよう。
- 線を引くのは太字ではなく、内容がまとまっているところ。
- 要約の練習をして、文章の型を理解するのも有効。

『マドンナシリーズ』は古文のバイブル

古文と漢文については、**外国語だと思って勉強したほうがいい**と思います。日本語で書かれているから、何となく解けるから大丈夫だろうという思い込みがいちばん危険です。現代の常識と古文常識は異なる場合があり、現代の日本語とは別の言語だという意識で対策をしなければなりません。

とはいえ、古文の配点はそれほど高くないので、あまり時間もかけられません。効率的に学習したいものです。

僕のイチ押しは『マドンナ古文』『マドンナ古文単語230』（学研）です。この二冊のおかげで、センター試験も東大の二次試験も古文が得点源になりました。

マドンナシリーズは古文の内容がわかりやすくまとまっていて、基本的な解法が理解できます。**単語も230個覚えれば大抵の試験では充分でしょう**。それに荻野先生の本は読んでいて本当に面白いのです。基本的な受験対策はこれで充分です。

ただし、志望校によって出題傾向には違いがあります。

私立文系の古文では単語問題も結構多いので、必要であれば『読んで見て覚える重要古文単語315』（桐原書店）など単語専用の参考書を一冊やり切ってください。どれを選ぶかは好みの問題なので書店などで比べてみましょう。

僕は文法をもう少し勉強したかったので、河合出版の『ステップアップノート30古典文法基礎ドリル』をやりました。

古文で求められるのは、読解力

英語のところでもお話ししましたが、**単語だけをいくら覚えても古文のレベルは上がりません。重要なのはやはり読解力です。**

受験のための勉強としては単語数をいたずらに増やすより、『マドンナ古文』で解法や読み方をしっかり学んだ方が、応用が利きました。実際に受験して合格した今も、あれほど完成された参考書はなかったなと実感しています。

古文

おすすめの問題集

★★★『マドンナ古文』『マドンナ古文単語230』(学研プラス)

★☆☆『読んで見て覚える重要古文単語315』(桐原書店)

★★☆『ステップアップノート30 古典文法基礎ドリル』(河合出版)

国語 古文 まとめ

- ✓ 古文は外国語。なんとなく解いてはいけない。
- ✓ 『マドンナ古文』で読解力・文法・単語力を完全マスターしよう。

漢文は、66個の句法と重要単語を覚えきる

漢文は古文と同じく出題範囲が非常に狭い科目です。**やればやっただけ成果がすぐに出やすいのが漢文**です。僕が通っていた高校の先生は、「漢文の勉強は100時間でいい。100時間やれば充分」と断言していました。100時間の内訳は、半分がインプット、もう半分がアウトプットくらいの目安です。

僕がインプットとしてやったのが『漢文ヤマのヤマ』(学研)です。本当にこの一冊で対策ができました。この本には、漢文を解くのに必要な66個の句法(句型)が全部載ってい

ます。句法については私大過去問やセンター試験の問題、東大の二次試験でも、これ以外は見たことがありません。66個を覚えれば漢文は勝ちです。

読みが変われば意味が変わる。漢文の単語も要チェック

漢文の単語では、読みが違うと意味が変わるものが結構あります。例えば、「与」が代表的でしょう。

※読みが変わると意味が変わる「与」

与
くみス→仲間である、味方である
あづカル→関係する
あたフ→与える

漢文の出題では書き下し文の場合が多く、送り仮名はわかっても、ふりがなはありません。同じ漢字でも読み方によって意味が変わるので、どう読むかはその都度、状況によって変えなければなりません。『漢文ヤマのヤマ』には「読みのヤマ漢ベスト50」「意味のヤマ漢ベスト50」としてまとまっているので、これも覚えれば得点源になります。

アウトプットとしては、文法を覚えるために書き込み式問題集の河合出版の『ステップアップノート10 漢文句形ドリルと演習』を一冊使いました。先述の古典文法と同じシリーズですね。あとは各予備校が出しているセンター試験（現・共通テスト）の予想問題集の国語のうち、現代文を除いた問題をひたすら解きまくりました。本当にやればやっただけ得点が上がったので、勉強をしていて楽しかったです。

おすすめの問題集　漢文

★★★『漢文ヤマのヤマ』（学研プラス）

★★☆『ステップアップノート10 漢文句形ドリルと演習』（河合出版）

国語 漢文 まとめ

- ☑ 100時間で習得できるように理解しよう。
- ☑ 『漢文ヤマのヤマ』で66個の句法と漢文単語を覚えれば敵なし。

Chapter 5. ▸▸▸ 5

科目別勉強法

物理は数式に生活実感を重ねる 化学は実験をイメージ 歴史はストーリーに着目

慣れれば高得点を短時間で取れる物理

点数が安定しやすい化学

個性が出やすい歴史

音声データ

物理「基礎理論」の学習

理科・社会は僕が学んだ科目の勉強法紹介です。

塾などの大学受験業界では、高校で習う物理のことを「公式物理」と言うことがあります。大学以降で学ぶ物理学では、大学で学ぶ初等数学の知識も当然のように要求されます。例えば、運動方程式は「2階微分方程式」という形で記述されるのですが、これは高校数学で扱う範囲を超えています。

高校で学ぶ物理ではこうした数学的な議論はせず、微分形で定義された法則を積分形にした結果を「公式」として教え、その公式をいかに適切に運用できるか、を問うているのです。要するに、高校物理はいかに素早く適切に公式を当てはめて解けるかを競うパズルのようなものです。

Chapter 5．のはじめに、僕は受験のゴールを「合格点を取ること」と設定しました。受験科目の物理はいわゆる「公式物理」ですから、微分方程式までは考える必要はもちろんありません。物理の勉強では、**公式を使って物理の問題を解く精度を上げる**ことに集中しましょう。

物理のベストの参考書は、為近《ためちか》和彦先生の『解法の発想とルール』（学研）です。微分方程式は使いませんが、高校数学で導出できるところはちゃんとやっていて、解法のパターンや使用する公式の説明などもしっかりまとまっています。これができれば受験対策は充分だと思います。

もう少し簡単なのが『物理のエッセンス』（河合出版）です。内容が端的にまとまっています。それでも難しかったら、漆原晃先生の『物理が面白いほどわかる本』のシリーズで物理現象のイメージをインプットしましょう。

物理の教科書や参考書には、「こういう問題の状況ではこの公式が使える」と説明があるので、公式を使える条件はしっかり理解しましょう。

物理の公式は、生活の中ですでに体感している

補足しておくと、物理では、数式が表す物理的なニュアンスをイメージできることが重要です。

物理で学ぶ数式は、自然界における運動法則をモデル化したものです。ということは、逆に普段の生活を過ごす中で、物理的な動きや法則を想像できるようになります。例えば運

動方程式は「$ma=F$」ですが、力 F が一定のとき、質量 m は「加速のしにくさ m」として捉え直すことができます。つまり、質量が大きければ大きいほどなかなか加速してくれない、というようなイメージを頭の中で行うことで、物理的なセンスが磨かれていきます。

無風で外力のない湖でボートに乗っているとき、自分が思い切りボートから飛び出したらどうなるでしょうか？　イメージしてみてください。おそらくボートを蹴って飛び出すときに、作用・反作用の法則（運動の第3法則）により、ボートは自分と逆方向に進む力を受けることが想像できるでしょう。作用・反作用の法則から導かれた運動量保存則で考えるとどうでしょうか。飛び出した瞬間の自分の運動量とボートの運動量の和は、外力が働いていないとすると、その方向では0になっているはずです。

他にも例えば、電車に乗っていて急ブレーキがかかったとき、体が進行方向に持っていかれるように感じたことはないでしょうか。遊園地でコーヒーカップに乗ったとき、カップの外に投げ出されそうな感覚に目が回ったことはないでしょうか。

前者は慣性の法則、後者は遠心力によるものですね。このような「**実感**」があると、**物理で学んだ公式が現実の世界でどういうはたらきをしているのか想像しやすくなります。**

しかし、物理はイメージだけを覚えていても適切に運用できる条件を理解していないと使いこなせません。

そのため、**物理ではどの科目よりも厳密に**、しかし、**理解したことを自分の言葉でノートにまとめることも大事**になります。

おすすめの問題集　物理（基本レベル）

★★★『合格へ導く解法の発想とルール』力学・電磁気／波動・熱・原子（学研プラス）
★★☆『物理のエッセンス』力学・波動／熱・電磁気・原子（河合出版）
★☆☆『漆原晃《うるしばらあきら》の物理基礎・物理が面白いほどわかる本』力学・熱力学編／電磁気編／波動・原子編（KADOKAWA）

物理「問題演習」の学習

物理は、**教科書などで基本理論をいったん理解できたと思ったら、次は問題演習で実際にその考え方をどう運用するのかを学んでいきます。**

根本の原理がわからないまま問題を解き始めるのは、緩い地盤の上に家を建てるようなもの。土を固め、基礎を築き、その上に頑丈な家を建てないとすぐに傾いてしまいます。

僕が使って良かった問題集は、『名問の森』（河合出版）です。これが難しかったら、同じ出版社の『良問の風』。問題文がそんなに長くないのと、一問一問に物理の重要ポイントがまとまっているのでおすすめです。

物理の問題を解くときは、その設定を理解するのに時間を取られがちです。この二冊は問題設定がシンプルで、問題を解く際のポイントやヒントも多く、参考になります。数学と同じように、解法パターンを覚える段階ではなるべくシンプルな設定で、学ぶところの多い問題集を使うのが鉄則です。

他には『物理　基礎問題精講』（旺文社）も公式を当てはめて練習する問題集として使いました。

レベルは上がりますが、良問が多いのが『阪大の物理20カ年』（教学社）です。その名の通り大阪大学の過去問題集なので、シンプルな設定なのに本質がわかっていないと解けない、差がつく問題がそろっています。旧帝大レベル以上を目指す人におすすめです。

おすすめの問題集　**物理（問題演習）**

★★★『名問の森　物理』力学・熱・波動Ⅰ／波動Ⅱ・電磁気・原子（河合出版）

★★★『良問の風　物理頻出・標準入試問題集』（河合出版）

★★☆『物理　基礎問題精講』（旺文社）

★☆☆『阪大の物理20カ年』（数学社）

物理まとめ

- ✓ 大学受験で出題されるのは、公式を使えば解ける問題が中心。問題集に出てくる解き方をそのまま覚えよう。
- ✓ 物理の概念・イメージは、生活の中ですでに経験している。
- ✓ 問題を解くときは、前提条件に気をつける。

「化学」は実験している「つもり」で解く

化学には大きく分けて、**理論化学・無機化学・有機化学**の三つの分野があります。化学の問題で大切なのは、**当事者意識をもって問題を読む**ことです。当事者意識の大切さに気づけたのは、大学入学後でした。理系学部に進むと、週に何回かは実験を行うことになります。実験はあらかじめ用意されたテキストに沿って進めます。

実験の目的・使う器具・試料・手順・どんな仮説が考えられるかなど、実験のための情報が詰まっているテキストに目を通します。そして、実際にやってみて、その結果からさらに、数値を求めたり、グラフを作ったりするなどの課題に取り組むわけです。

実験は検証作業の一つですが、マニュアルを読まずにただ実験をするのと、実験の工程をイメージして、**自分でやらなくちゃいけないという能動的な気持ちでやる**のとでは、理解の深さも速さも全然違います。実験では、最後に課題を提出しないといけないので、当事者意識は高まります。ただ本を読むだけとは違って、当事者意識が高ければ圧倒的に「わかる」のです。

化学の問題を解くのも同じです。自分が実験するイメージをもって問題を読んだほうが、より理解が深まります。

ただ問題を読んで言われた通りに解くのではなく、もっと詳細に、「実験1はこうやる、それを受けて実験2はこうする」と具体的にイメージするとよいでしょう。

書きながら理解する→身につく

もう一つ、化学で大事なのは、**自分で構造式を書いたり、結晶の構造を書いたりして、学んだことをビジュアル化すること**です。

例えば、「実験1をやりました。実験2をやりました。実験3をやりました。…」という問題では、設問が実験のどの時点なのか、正確に状況をつかむ必要があります。化学の実験では、時系列を整理しておかないと条件が変わってしまうからです。

基本的な反応の秩序や構造式を頭では納得していても、身についていないと自分で書けないわけです。

「教科書に書いてあるからいいや」と思っても、実際に自分でアウトプットできるかどうかは別の話です。僕の専攻は電気系ですが、基本的な化合物の構造式や反応式は今でも書けます。何年経っても覚えているのは、何度も何度もアウトプットしたことで身についているからだと思います。面倒だと思う前に書いてしまうのを習慣にしてしまいましょう。

化学の攻略には、3分野すべてを網羅している『化学　基礎問題精講』（旺文社）から始めて、その後、分野別の参考書で細部を詰めていくのがいいと思います。

参考書選びでは、これがわかりやすいと思ったら、同じ先生が書いた本をステップアップしていくと、考え方が一貫しているので身につきやすいでしょう。化学では、『化学　基礎問題精講』の著者の一人の鎌田真彰《かまたまさてる》先生の本がわかりやすいです。本当に大事なところだけが書かれているので集中して学べますし、図解が的確です。分野別の参考書では鎌田先生の『鎌田の理論化学の講義』『鎌田の有機化学の講義』、そして同じシリーズの『福間の無機化学の講義』（鎌田真彰・監修、福間智人・著）。この三冊が僕のおすすめです。

「理論化学」で基礎を固める

理論化学は、無機化学と有機化学のベースになる分野です。理論化学をやらないまま他へは進めないので、ここで化学の基礎をしっかり固めましょう。**出題率は計算問題と知識問題が7対3くらいの割合で、計算が多い傾向**があり、一言でいえば、雑多な計算ゲームといったところです。

ただし、計算だけで考えていくとミスをするので、僕は図をかいていました。

例えば、

「0.100 mol/L《モルパーリットル》の硫酸水溶液100mLと、0.200mol/Lの水酸化ナトリウム水溶液300mLを混合させると、左の反応式のような反応が起こった。

$H_2SO_4 + 2NaOH \longrightarrow Na_2SO_4 + 2H_2O$

この混合水溶液のpHはいくらか。ただし、硫酸、水酸化ナトリウムは水中で完全に電離するものとし、水のイオン積 K_W を、$K_W = 1.00 \times 10^{-14} (mol/L)^2$ とする」

という問題なら、同じ絵のところに「硫酸水溶液が0.1mol/Lの濃度で30ml増やした」「フェノールフタレインが赤から無色になったということは、第一中和点になった」と書いていきます。

こうやって変化していく過程を図にかきながら計算をしていきます。

化学実験は、レシピに沿って**料理を作っていくイメージ**です。

実験手順をビジュアル化していくと混乱しにくくなり、ミスが減って結果的に解くスピードが速くなります。

「無機化学」は後回しでOK

理論化学と比べて、**インプットしなければならない知識量が多いのが無機化学**です。ある程度計算力も必要ですが、「試料中にあるこのイオンは、どこに行ったの？」など、陽イオンの分類問題などでは推理ゲームのような要素もあります。

化学の勉強は、基本的には「理論化学→無機化学→有機化学」の順に学ぶ学校が多いと思います。ただし、**受験勉強では「理論化学→有機化学→無機化学」の順にし、無機化学は最後に仕上げるのがいい**と思います。有機化学は基本さえ押さえてしまえば、後は演習を積むことで解法パターンが血肉となって早く完成しやすいのです。一方で、無機化学は細かい知識が多く、演習を積んでもなかなか網羅するのは大変な分野ですので、なるべく早く完成しやすい有機化学から始めることをおすすめします。

例えば、夏に有機化学を固めて、無機化学の暗記はその後の秋口から始めると、どちらもよい状態で受験シーズンを迎えることができるでしょう。

「有機化学」は問題文にヒントが隠れている

有機化学も基本的には**推理ゲーム**です。

問題を見ると「未知の試料には何が含まれますか」「どんな構造式ですか」といった内容で、未知の物質を特定するためのヒントが問題文の中に隠れています。

例えば、次のような問題です。

「アニリン、フェノール、ベンゼンが含まれているエーテル溶液から、これらの物質を次の図のように分離した。水層A、水層B、エーテル層Bに含まれている物質はそれぞれ何か。含まれている状態での物質名を書け」

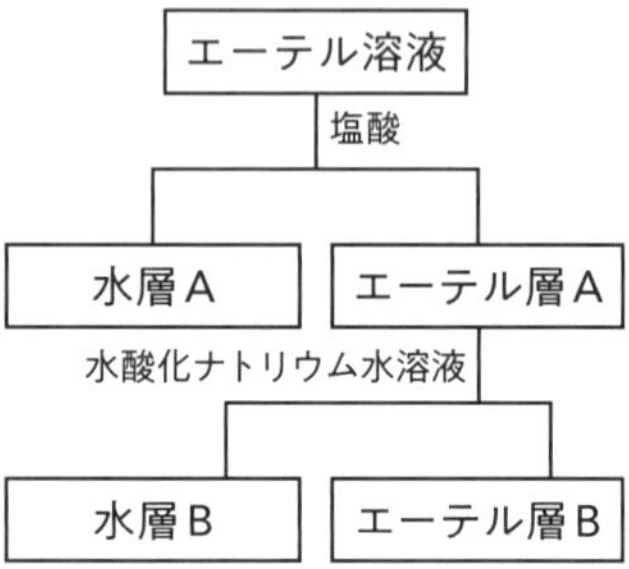

この問題では、塩酸や水酸化ナトリウム水溶液を加えて、塩を生じさせて水層に分離されるという部分が問題を解くヒントになります。ヒントのベースとなる知識は必要ですが、

アニリンには塩酸を加えたら反応する構造が一部あることから水層Aには、アニリン塩酸塩が含まれていると推測できます。

有機化学の勉強は、推理と計算が1対1くらいの割合かと思います。

有機化学は、一度理解してしまえば、後は勉強の主体は演習になります。

一個一個の反応式や構造式を覚えておいて、それを使って紐解《ひもと》くのが有機化学です。

化学の知識の整理については、学研の『照井式解法カード』がおすすめです。書名はカードですが、理論化学・無機化学・有機化学に分かれた参考書で、特に別冊の要点集がとてもよいのです。入試直前のまとめに使う人もいました。

理系の難関校を目指す人のバイブル的な参考書が『化学の新研究』（三省堂）で、問題集としては、同じ出版社の『化学の新演習』が対応しています。内容は細かくてハイレベルでしたが、東大の受験生なら全部読んで理解していたと思います。僕も受験会場にまで持って行ったのはこれだけです。それくらい信頼していました。

おすすめの問題集　化学

★★★『鎌田の理論化学の講義』『鎌田の有機化学の講義』『福間の無機化学の講義』（旺文社）

★★☆『化学［化学基礎・化学］基礎問題精講』（旺文社）

★☆☆『理系大学受験　化学の新研究』（三省堂）

★★☆『照井式解法カード』シリーズ　理論化学／有機化学／無機化学（学研プラス）

化学まとめ

- 問題を解くときは、実験しているつもりで問題を読むとわかりやすい。
- 構造式・反応式など、一度は自分で書いてみる。手が覚えていれば、アウトプットにつながっていく。
- 化学の問題は推理ゲーム。変わっていく条件を当てはめればいい。

「歴史」は時代の流れに、地域やテーマごとの歴史を交差させる

「歴史＝暗記科目」の考え方は間違いではありません。教科書を読むと、年号、事件、地名、人名と覚えることだらけです。でも、だからこそ**勉強するときの基本、「大まかに全体像をつかんでから詳細に入る」のを徹底してほしい**のです。

最初に全体の流れをつかむのは、ジグソーパズルでいえば、手始めに周囲の枠を作るようなものです。バラバラのピースに少し方向性をつけて並べることで、その後は色や形をヒントに1枚の絵を仕上げていくことができます。

関連性のない単語をただ覚えるよりは、**有機的につながったものを覚えていくほうが記憶に残ります。もし忘れても、大枠がわかっていれば推測できるメリットもあります。**

歴史では、時代の流れを1本の壮大なストーリーとして理解しましょう。事件や出来事が起こるまでの根本の流れや因果関係を一つの流れでまとめておくと、その後の暗記はスムーズに進みます。

僕はA4くらいのサイズの白い紙に、国ごと、テーマごとの歴史の流れ、論理構造のようなものを書き出し、それを矢印でつなげたり、同じ要素はまとめたりして覚えました。自分の苦手とするところだけをピンポイントに書き出すこともありました。単語を何度も書

くよりも、歴史のダイナミックなつながりを理解したほうが、覚えられました。**流れを覚えるという意味では、マンガで学ぶのもいい**と思います。マンガは内容がわかりやすいだけでなく、重要な場面がイラストでも記憶に残るメリットもあります。

世界史は教科書を軸に国・地域別の知識を参考書で補う

世界史の教材は教科書がベストです。ほとんどすべてが教科書に書かれているからです。僕もそう思って何度もトライしましたが、最初は内容がまったく頭に入ってきませんでした。少し読むだけで、時代も国も一気に飛んでまったく関係ない話に移っていくのがどうにもなじめませんでした。教科書の弱点がこれでしょう。

例えば、17世紀あたりを見ると、フランスではこういう事件がありました。ドイツではこういう人物が表舞台に出てきました。中国では、アメリカでは、と次々に内容が脈絡なく続きます。世界史の教科書は横軸的理解にはいいのですが、縦の軸、つまり国や地域ごとの歴史の理解には弱い。だから混乱したのです。

そこで、僕は**教科書と並行して『各国別世界史ノート』を使うことにしました。**「各国別世界史ノート」をやることで、国ごとの歴史を理解するという縦の歴史がはっきりしました。教科書ではページが飛んでいた空白の時間がつながって、世界史の教科書の横の流れがスムーズに理解できるようになりました。年号などの暗記についても、単に数字と出来事のセットで覚えるよりは、国ごとの背景がしっかりするのでかえって覚えやすくなりました。

仕上げには『山川一問一答世界史』をやりました。まず一通りやってみて、2周目は1周目で間違えたところだけをやり、3周目は2周目で間違えたところを完全につぶしていきました。僕は本にチェックをしながら読んでいきましたが、間違えた答えをノートに書き出している人もいました。要は、自分が何を知らなくて何が足りないかがわかればいいので、自分がやりやすい方法でいいと思います。

日本史はテーマに分けて細部を整理する

日本史もまずは全体の流れをおおまかにつかみます。世界史では国ごとに見た縦の軸を日本史では、政治史、経済史、宗教史（神道・仏教・キリスト教）、文化史（文学・美術・建築）と、テーマを細分化していきます。かなり深いところまで突っ込まれる問題が多いので、教科書の細かい文字も飛ばさずにしっかり覚えていきます。

日本史では、特に明治維新以降は世界史の流れの中の日本に位置づけられるようになっていくので、世界史の視点から日本を見る目も必要です。

社会の問題は大学の個性が出る

社会は、大学によって出題する問題の傾向やカラーなど、個性がかなり出ます。どの時代のどんなジャンルの問題が多いか、政治史か文化史か、ニッチな問題が多いかどうかなど、過去問を見ればわかるので必ずチェックしましょう。

おすすめの問題集 世界史・日本史

★★☆『山川一問一答世界史』（山川出版社）
★☆☆『各国別世界史ノート』（山川出版社）
★★☆『山川一問一答日本史』（山川出版社）
★☆☆『詳説日本史ノート』（山川出版社）

社会（世界史・日本史）まとめ

- ✓ 世界史は過去から現代へと続く歴史の流れに、地域別・国別の歴史や出来事を交差させて理解しよう。
- ✓ 日本史は、明治以降は世界史の視点でまとめよう。
- ✓ 社会は志望校のカラーが強いので、過去問をチェックして傾向をつかんでおこう。

Chapter 6

試験本番に向けて

毎日、自分に問いかけたい5カ条

受験勉強は毎日の積み重ねが勝負です。日々のノルマを確認するだけでなく、メンタル面でも毎日、反省することが大事です。

この5カ条は、僕が受験生の頃、何度も自分自身に問いかけていたことです。

1 **昨日の自分より学力は上がっているか**

・今まで知らなかった知識や抜けていた箇所をインプットできたか。
・今まで解けなかったような問題を解けるようになったか。
・昨日の自分に対して新たに教えられることができたか。

2 **目標に対して努力の方向性は合っているか**

・昨日の努力によって、確実にゴールに近づいたか。
・目指すべき目標は、今のままで間違いないか。
・昨日の目標は、どれだけ達成できたか。できなかったとすれば、その原因は何か。

3 集中して勉強に取り組めているか

・モチベーションはどんな状態か。悪ければどう改善するべきか。
・合格した自分の姿をイメージできているか。
・その休憩は、より一層集中するために必要なものか。

4 体調管理はできているか

・睡眠時間、入眠時刻、睡眠の質はどうか。悪いならその原因は何か。
・体調が悪いのに無理はしていないか。

5 「全力を尽くしている」と自信をもって言えるか

・将来、今この時間を思い返したときに「全力で最善を尽くした」と言い切れるか。

試験の前夜に、何をするか？

ここまでは、成果を上げるためには達成感を感じて終わってはいけないと伝えてきましたが、試験前は別です。当日に最高のパフォーマンスを出せるように、今までの振り返りをして気持ちを高めましょう。

自分の頑張りを量で振り返る

今までやってきた問題集やノートを全部集めて、前日に積み上げて見ました。「自分はこれくらい勉強したんだな」と実感しましたし、同時に達成感も味わいました。自分の努力の結果を見ていると、力が湧いてきます。「これだけやったんだから、本番も大丈夫」という自信になりました。

イメージトレーニング

落ち着いて試験に臨めるように、イメージトレーニングは日頃から何度も行いました。もちろん合格ありきの逆算のイメージです。

▼合格している自分をイメージする

イメージトレーニングは、具体的でポジティブなものであればあるほど効果があります。

例えば、

・合格通知を受け取る瞬間
・おばあちゃんが「おめでとう」と言いながら泣いている姿　など

逆に、明日は大丈夫だろうか、わからない問題があったらどうしよう、というネガティブな気持ちでいると、せっかくこれまで頑張ってきたのに本番でパフォーマンスが落ちてしまいます。明日の試験が終われば勉強ばかりの日々も終わる。結果は合格に決まっているると、すべてポジティブに捉えましょう。「具体的に思い描ける未来は必ず現実になる」。そう思い込んで前へ進むことが、「自分を信じる」ということです。大丈夫です。自分を信じましょう。

▼試験を受けている自分をイメージする

試験会場での自分を細かくシミュレーションしておきます。

「さあ国語が始まった。まずは名前を書いて、と。次に問題をざっと見て、おおよその時間配分をしておこう。最初はこんな問題を解いてるはずだ。よし、これならいける、順調だな。じゃあ30分までに現代文を終わらせて次は古文に行こう。一度深呼吸するか……」

自分で自分の実況中継をするのです。あまり順調にいくよりも、

「3問目は手こずるな。時間をかけるのもよくないから、先に4問目に行こう。大丈夫、まだ時間はある」

など、トラブルや失敗も含めたイメージトレーニングをしておけば、実際にトラブルが起きた場合も対処できます。

結果はポジティブにイメージしたほうがよいのですが、その過程に関してはいろいろと想定しておいたほうが本番で焦りにくくなります。

▼今まで解いた過去問を振り返る

東京大学では二次試験が二日がかりなので、時間的な余裕はありました。その合間で、僕は過去問を見て、解き方を思い出すようにしていました。

細かい計算まではしません。問題をパッと見て、どんな解法で解いたか、どういう方針を立てたかなどを振り返る程度です。復習というより、自分はこれだけやってきたんだという自信になりました。

普段の生活スタイルを守る

試験本番に向けて、張り切り過ぎないこと。「何が何でも頑張る！」と力み過ぎるのはよくありません。適度な緊張感を持続させるほうが、本番でのパフォーマンスは上がります。「自分はここまでやってきた。後は楽しんで受けに行くか」というメンタリティをもつことです。逆に、リラックスし過ぎても実力が発揮されないので、バランスを考えましょう。

そういえば、受験当日のことですが、「何か寂しいなあ」ともらしていた友人たちがいました。受験生活が終わってしまうのが寂しいというのです。後で聞くと、彼らは全員志望校に合格していました。

もし受験勉強が終わって寂しいと思うのであれば、大丈夫です。安心してください。それくらい楽しく努力できていた自分の証ですから。

とにかく笑う

東大を受けた1日目の夜、何気なくツイッターを見ていたら、お笑い芸人のオードリーさんが「テレビで、絶対に壊れない椅子を壊した」シーンが流れてきました。そのシーンを見たときよりも笑ったことはないいんじゃないかと思うくらい大笑いしました。その瞬間、受験の緊張を忘れてしまいました（あの日以来、オードリーさんのファンになりました…）。

笑いは、人の気持ちを前向きに、ポジティブにしてくれるものです。

僕の場合は、たまたまお笑いを見ることでしたが、何か見る、聞く、食べる、触れるなど何でもいいので、緊張がほぐれるようなものがあるといいですね。

不安なことをすべて書き出す

不安な状態というのは思考が止まっている状態でもあります。一歩踏み出せばいいだけなのに、その一歩が踏み出せないし、不安の正体がわからないから動けない。得体の知れない何かが頭を占めてしまっている状況です。試験直前に限った話ではないのですが、不安なことがあれば、何が不安なのかを言語化する、書き出すことで、不安の正体が見えてきます。不思議なことに、相手がわかると不安はなくなっていきます。

答えを出す必要はありません。頭の中で考えているだけだとネガティブになってしまうので、書き出すだけでいいのです。僕は、今でも行き詰まったときにやっています。

気楽に、気楽に

受験勉強をしていると、周りの人からいろいろ言われます。僕は、一度別の大学に進学しましたから、その医学部生時代を含めると、実質4浪で東大に入学したことになります。浪人は就職に不利だとか、学年は先輩だけど年齢は下の人ばかりで苦労するとか、とにかく色々言われました。

実際、そんな心配は必要ありません。学生生活は充実していましたし、1年間休学したので、最終的には卒業年齢プラス5歳での就活でしたが、問題ありませんでした。

現役だろうが、何年浪人しようが、世間に何を言われようが自分次第です。目の前の受験に集中して頑張る、自分を信じるしかありません。それに、受験がすべてではありません。「この受験が人生のすべてを左右する」などと肩に力を入れず、「この受験も人生の一部」くらいに考えて、目の前の問題に集中しましょう。

試験当日の心構え

▼起床時間

試験では何が起こるかわからないので、余裕をもって行動します。できれば、試験開始の1時間以上前には試験会場に着くように逆算して準備しましょう。

▼カフェインは避ける

試験当日は、原則としてカフェインはNGです。コーヒーなどを普段飲んでいたとしても、やめましょう。利尿作用があるため、試験中にトイレに行きたくなってしまうからです。緑茶もカフェインが多いのでやめましょう。飲むなら白湯や常温の水がおすすめです。

▼食事・おやつ

頭を使うと、お腹が空きます。試験中の昼食は軽めにしたいという理由でパンを選ぶ人が多いですが、米のほうがパンよりも腹持ちがよく、試験中もずっとエネルギーを持続させることができます。疲れたなと思ったら、休憩時間にチョコレートや飴などで糖分を補給しましょう。

どちらも食べ過ぎると、血液中の酸素が脳ではなく消化に使われてしまい、頭がぼーっとします。ほどほどに食べましょう。

仮眠について

試験会場の状況にもよりますが、10〜15分仮眠するだけでも頭がスッキリします。席によって暑かったり寒かったりするので、仮眠の際は体を冷やさないようにすることと、寝過ぎには気をつけてください。スマートフォンでタイマーをセットすれば失敗しません。

僕はイヤホンをして、ホットアイマスク（目の疲れがとれてスッキリします）をつけてマフラーを巻き、パーカーのフードをかぶって外部の音をシャットアウトして仮眠しました。10分くらいでしたが、目覚めると頭がすっきりして、午後の試験も調子よく受けられました。

試験会場に持っていくべきおすすめアイテム

▼厚紙・段ボール片

試験会場によっては、机や椅子がガタガタと揺れてしまうことがあります。脚の下にはさんで調整するため、厚紙か段ボール片があると便利です。

▼座布団・膝かけ

試験会場は椅子が固いことが多く、お尻が痛くなったり冷えたりしてしまうので、座布団（クッション）はあったほうがいいでしょう。キャンプ用の三つ折りになるものならかさばりません。ただし、試験官に申し出た方が無難です。膝かけも同様です。

▼目薬、胃腸薬、頭痛薬、ホットアイマスク

使い慣れたものを持っていきましょう。ホットアイマスクは、15分ほど効果が続くので、休憩時間や仮眠のときに使います。

▼使い捨てカイロ

朝は寒くても、受験生の熱気で試験会場は暑くなりやすいものです。すぐに取り外しで

きるように、貼らないタイプがおすすめです。

▼服装について

体温調整しやすいように、脱ぎ着しやすいジッパーやボタン式のものを選びます。カーディガンなどの羽織り物もあるといいでしょう。

なお、カンニングと疑われないよう、英語や地図が書かれた服は避けたほうが無難です。

▼時計（アナログ）

試験会場によっては時計がないこともあります。最近は、デジタル時計の禁止が進んでいるので、アナログの腕時計をしていきましょう。

▼筆記具（使い慣れたもの）、参考書

マークシート式の試験では、ＨＢの鉛筆が必須です。もしくは、ＨかＦのみ。予備も忘れないように。その他、鉛筆削りや消しゴムは使い慣れたものを用意しましょう。また、参考書を持っていくことで安心感を得る人もいるようです。

※持ち物について詳しくは、受験する大学の入試の要項をチェックしてください。

おわりに

OUTRODUCTION

大学受験の勉強は現役のときに限って言えば、誰にとっても初めての体験です。大学受験は出題範囲も広く、学習量も桁違いに増えるので、中学受験・高校受験でうまくいった人でも、かつての成功体験は通用しないはずです。つまり、必勝法がわからない状況で受験対策に臨むことになるでしょう。そんなときに、何となく本やネットで読んだこと・調べたことを「鵜呑《うの》みにして」実践し続けているのは非常に危険です。

巷《ちまた》には勉強法があふれています。その多くは難関大合格を果たした先輩が語るものですが、ここで忘れていけないのは、いずれも試行錯誤した中で見つけた、その人自身に合った勉強法だということ。つまり、その人に最適化された勉強法なのです。

勉強法には相性があります。

「東大に合格した人の勉強法だから、絶対に成績が伸びるはずだ」

といったように、疑いをもたずに勉強するのはやめましょう。
常に自分の頭で考え、自分が最も伸びる勉強法を見つけることが重要です。
「守破離《しゅはり》」という、武道の修業の段階を示す言葉にヒントがあります。
次で紹介する、守↓破↓離の順番で、段階を踏んでいくことがよいとされています。

「守」は、師匠や流派の教えを忠実に守り、身につける段階。
「破」は、他の師匠や流派から、よいところを見つけ、それを取り入れる段階。
「離」は、流派から離れ、自分自身で新しいものを生み出す段階。

これは勉強においても同じことが言えるのではないでしょうか。
受験対策は、調べた勉強法を模倣することから始める。しかし、どこかで自分なりに考え、自分に合うようにアレンジを加えて、オリジナルの勉強法を作っていってください。画一的な勉強法に振り回されるのではなく、自分に合った勉強法を見つけてほしいのです。

この本には僕が実践して、成果を出した勉強法を余すことなく詰め込みました。ですが、その勉強法もまた、僕に最適化されたものです。皆さんが僕の勉強法を模倣することは望んでいません。むしろ、自分の頭で考え、紹介した勉強法をアレンジしたり、よりよい勉強法にアップデートしたりして、皆さんの成果が最大化されれば本望です。

僕がこの本で伝えたかったことは、必勝の勉強法ではありません。その根本にある「自分で自分を成長させる考え方」や「自分で学ぶための姿勢」です。それらが伝わった結果、みなさんの成果につながるのであれば、うれしく思います。

この本を最後まで読んでくれた皆さんの人生を切り拓くきっかけになってくれれば幸いです。

萩原 湧人

著者
萩原湧人
Yuto Hagiwara

東京大学工学部電気電子工学科4年生。

慶應義塾大学経済学部経済学科、大阪医科大学医学部医学科をそれぞれ中退後、現在。

塾講師時代に、形式にとらわれた勉強で悩む生徒に多く出会ったことがきっかけで、数々の難関大学に合格した自身の経験を役立てたいと思い、筆をとる。

勉学の傍ら、東京大学在学中に創業した株式会社EARSの代表取締役CEOを務め、音声メディア「ear.style」を運営。音声コンテンツを楽しむ体験を広めるために、アプリ開発やコンテンツ制作に尽力している。

Twitter ▸ @yuto_hagiwara93

慶應大→医大→東京大に
合格できた勉強の仕組みがわかる
成果の方程式

構成・編集協力　柴山幸夫（dext inc.）
小川真理子（文道）
企画協力　小林亮太
デザイン　新井大輔
中島里夏（装幀新井）
カバーイラスト　松本セイジ
校正　佐藤玲子
音声データ制作　株式会社EARS
能塚泰秋
データ制作　株式会社 新後閑
印刷所　株式会社 リーブルテック
企画・編集　樋口亨